中等职业教育汽车专业理实一体化系列教材

二手车鉴定评估实用教程

（彩色版配练习册）

主　编　郑新强　杨　康

副主编　陈应孔　王丽琴　舒一鸣

参　编　胡伟衔　陈　芳　陈燕瑜　刘潘峰
　　　　李宗权　孔　博　张永忠

二维码总码

机械工业出版社

本书为汽车类相关专业产教融合实践教学用书，内容以工作过程为导向，通过六步教学法进行典型工作任务的学习，分别为学习准备、信息收集、工作计划与决策、任务实施、评价反思及巩固与练习。本书主要内容包括接受二手车鉴定评估业务、车辆合法性检查、二手车使用背景检查、车辆静态检查、车辆动态检查、新能源二手车技术鉴定、二手车价值评估、二手车交易、二手车电商平台等九个学习任务。为满足行业需求，本书特别融入了新能源二手车鉴定方面的内容。

本书资源丰富，配备工作页，提取典型知识形成微课视频，以二维码形式嵌入其中，通俗易懂、可操作性强，便于学生理解和规范操作。

本书的适用对象是中等职业技术学校汽车服务与营销、汽车服务工程等汽车类相关专业的师生。

图书在版编目（CIP）数据

二手车鉴定评估实用教程：彩色版配练习册 / 郑新强，杨康主编. -- 北京：机械工业出版社，2024.7.
（中等职业教育汽车专业理实一体化系列教材）.
ISBN 978-7-111-76294-2

Ⅰ. U472.9；F766

中国国家版本馆CIP数据核字第2024BB5966号

机械工业出版社（北京市百万庄大街22号　邮政编码100037）
策划编辑：齐福江　　　　　　　　责任编辑：齐福江　丁　锋
责任校对：李　霞　李可意　景　飞　封面设计：陈　沛
责任印制：单爱军
北京虎彩文化传播有限公司印刷
2024年12月第1版第1次印刷
184mm×260mm・14.5印张・238千字
标准书号：ISBN 978-7-111-76294-2
定价：55.00元（含练习册）

电话服务	网络服务
客服电话：010-88361066	机　工　官　网：www.cmpbook.com
010-88379833	机　工　官　博：weibo.com/cmp1952
010-68326294	金　　书　　网：www.golden-book.com
封底无防伪标均为盗版	机工教育服务网：www.cmpedu.com

FOREWORD 前 言

二手车是汽车市场的重要组成部分，我国二手车交易量已经连续18年持续增长。数据显示，截止到2023年年底，我国汽车保有量达3.36亿辆，二手车交易量超过1800万辆；其中新能源汽车保有量快速增长，全国新能源汽车保有量达2041万辆，并呈高速增长态势。因此，传统燃油二手车和新能源二手车将继续增长，这也促进了二手车交易市场的快速发展，市场对于二手车鉴定专业技术人员，特别是新能源二手车鉴定人员的需求持续增加，本书对新能源二手车鉴定进行了重点描述。

本书共有九个学习任务，主要内容包括接受二手车鉴定评估业务、车辆合法性检查、二手车使用背景检查、车辆静态检查、车辆动态检查、新能源二手车技术鉴定、二手车价值评估、二手车交易、二手车电商平台等内容。为培养符合企业需求的专业人才，培养学生的职业素养能力，本书编写以工作过程为导向，提取典型工作任务，采用六步教学设计，分别是学习准备、信息收集、工作计划与决策、任务实施、评价反思及巩固与练习。学生通过主动构建知识，改变传统的学习方式，在学习知识的同时达成职业素养能力的培养。

本书资源丰富，配备工作页，提取典型知识形成微课视频，以二维码形式嵌入其中，通俗易懂、可操作性强，便于学生理解和规范操作。

本书的适用对象是中等职业技术学校汽车服务与营销、汽车服务工程等汽车类相关专业的师生。本书由东莞理工学校的郑新强、杨康担任主编，由东莞理工学校的陈应孔、王丽琴和安徽新华职教集团舒一鸣担任副主编，参与编写人员有东莞理工学校的胡伟衔、陈芳、陈燕瑜、刘潘峰、李宗权、孔博，洛阳阳光机动车鉴定评估有限公司的张永忠。

本书在编写过程中，得到了北京博乐汇智汽车技术研究院、上海驷马先教育科技有限公司和北京智车无忧有限公司的大力支持，在此特表鸣谢。由于编者经验水平有限，书中难免有错误或者不妥之处，恳请广大读者批评指正，提出宝贵意见。

编　者

二维码清单

名称	二维码	页码	名称	二维码	页码
电话邀约-二手车评估业务		001	浸水车的鉴定检查		099
二手车证件案例		012	二手车动态鉴定-油液检查		102
VIN码的识别		038	二手车动态鉴定-路试检查		109
二手车鉴定-车辆前方检查		050	二手新能源车动力电池的外观检查		126
二手车鉴定-车辆侧方检查		051	重置成本法		137
二手车鉴定-车辆后方及行李舱检查		051	二手车置换新车		164
二手车鉴定-驾驶舱及内饰检查		076	二手车交易流程		167
二手车鉴定-发动机舱检查		085	二手车电商平台的介绍		170
二手车鉴定-底盘检查		095			

（续）

名称	二维码	页码	名称	二维码	页码
评价反思-1		011	评价反思-6		135
评价反思-2		036	评价反思-7		155
评价反思-3		047	评价反思-8		169
评价反思-4		100	评价反思-9		181
评价反思-5		113			

CONTENTS 目 录

前言
二维码清单

任务一　接受二手车鉴定评估业务 001
　　一、学习准备 003
　　二、信息收集 003
　　三、工作计划与决策 010
　　四、任务实施 011
　　五、评价反思 011
　　六、巩固与练习 011

任务二　车辆合法性检查 012
　　一、学习准备 013
　　二、信息收集 013
　　三、工作计划与决策 036
　　四、任务实施 036
　　五、评价反思 036
　　六、巩固与练习 036

任务三　二手车使用背景检查 037
　　一、学习准备 038
　　二、信息收集 038
　　三、工作计划与决策 047
　　四、任务实施 047
　　五、评价反思 047
　　六、巩固与练习 047

任务四　车辆静态检查 ············· 048

　　一、学习准备 ············· 049
　　二、信息收集 ············· 049
　　三、工作计划与决策 ············· 100
　　四、任务实施 ············· 100
　　五、评价反思 ············· 100
　　六、巩固与练习 ············· 100

任务五　车辆动态检查 ············· 101

　　一、学习准备 ············· 102
　　二、信息收集 ············· 102
　　三、工作计划与决策 ············· 113
　　四、任务实施 ············· 113
　　五、评价反思 ············· 113
　　六、巩固与练习 ············· 113

任务六　新能源二手车技术鉴定 ············· 114

　　一、学习准备 ············· 115
　　二、信息收集 ············· 115
　　三、工作计划与决策 ············· 135
　　四、任务实施 ············· 135
　　五、评价反思 ············· 135
　　六、巩固与练习 ············· 135

任务七　二手车价值评估 ············· 136

　　一、学习准备 ············· 137
　　二、信息收集 ············· 137
　　三、工作计划与决策 ············· 155
　　四、任务实施 ············· 155

五、评价反思 ·· 155
六、巩固与练习 ·· 155

任务八　二手车交易 ·· 156

一、学习准备 ·· 157
二、信息收集 ·· 157
三、工作计划与决策 ·· 169
四、任务实施 ·· 169
五、评价反思 ·· 169
六、巩固与练习 ·· 169

任务九　二手车电商平台 ·· 170

一、学习准备 ·· 172
二、信息收集 ·· 172
三、工作计划与决策 ·· 181
四、任务实施 ·· 181
五、评价反思 ·· 181
六、巩固与练习 ·· 181

任务一　接受二手车鉴定评估业务

电话邀约-二手车评估业务

📝 学习情境

家住深圳的李先生拥有一辆大众帕萨特轿车，通过网络平台注册为用户后，咨询车辆寄售业务，该车登记为2015年6月购买的大众帕萨特轿车，行驶里程为6万km。假如你是平台的评估人员（服务顾问），请和你的同事一起，完成该车辆寄售服务。

（按照标准的电话邀约话术，和王先生进行电话跟进，并约定沟通方式与时间）

客服人员："您好，先生！我是××二手车寄售平台的客服小张，我在平台上看到了您的咨询信息，请问您现在方便通话吗？"

客户："您好！是这样的，我的车开了快四年了，想换一台车，可是现在的这款车不知道该如何处理，看到你们是直卖平台，所以咨询一下。"

客服人员："感谢您对我们的信任，请问怎么称呼您？"

客户："我姓李。"

客服人员："李先生您好，很高兴为您服务。我们是专业的二手车服务网站，可以给您提供评估、交易、置换、金融等多项服务，帮您更好地制订用车计划。"

客户："是这样呀，我对二手车业务不是很了解，麻烦你介绍一下可以吗？"

客服人员："好的，我马上安排专业的评估人员为您服务。由于专业性比较强，所以我们需要对您的车辆状况进行核实才能做出精准的评估，我帮您预约一下您看可以吗？"

客户："可以，麻烦你了。"

客服人员："李先生，我们的时间约在8月9日下午或8月10日下午，您看您什么时间比较方便？"

客户："那就定在8月9日下午吧。"

客服人员："好的，8月9日下午。那请问怎样为您服务比较方便，是我们派人过去，还是您到我们的线下门店来？"

客户:"我这边都可以的,你们在××有线下门店吗?"

客服人员:"我们在××有线下门店,您的手机号是微信号吗?我们加一下微信,我推送门店的位置给您。"

客户:"好的,你们线下门店的位置还算好找,我到时候过去吧。"

客服人员:"李先生,您的信息我都已经做好记录了,最后和您再确认一下,您主要是咨询爱车的寄售事宜,我帮您约好评估师王先生,时间是8月9日下午,您开车到门店来。您看信息有遗漏吗?"

客户:"没有了,你们的服务很好!"

客服人员:"感谢您的支持,等下我会把评估师小王的微信名片推送给您,他会和您进一步沟通,请您来店之前带上车辆的相关手续,以便王先生更好地为您服务。您看可以吗?"

(随后客服人员向李先生推送了评估师王先生的微信,王先生通过微信和李先生进行了简单沟通,8月9日下午,客户李先生来到了线下门店,进行服务咨询)

评估师:"李先生,您好,我是××寄售平台评估师小王,很高兴为您服务,这是我的名片,您请坐,请问您要咖啡还是茶水?"

客户:"谢谢,给我来杯茶吧。"

评估师:"好的,请您稍等。"

任务分析

由于使用环境的不同以及使用人、使用条件等原因,车辆经过一段时间使用后,状况会发生变化,从而影响车辆的价值。同时,由于二手车评估业务专业性比较强,多数客户对二手车业务不够了解,因此,当客户的车辆准备再次进入流通领域时,需要评估人员告知客户原因及需要检查的车辆信息,以确保双方权益。

学习目标

知识目标

1)能描述二手车交易过程中的相关内容。

2)能描述二手车鉴定评估过程中涉及的相关法规。

技能目标

1）能按照流程与客户洽谈二手车评估业务。

2）能完成车辆基本信息检查并填写车辆基本信息表。

素养目标

1）培养沟通能力，愿意倾听，接纳不同观点。

2）通过任务的达成可以培养学生的服务意识与沟通能力。

3）培养学生诚实守信及爱岗敬业的工作态度。

学习任务

接受客户提出的车辆鉴定评估任务。

一、学习准备

资料准备：学习资源、车辆基本信息表、学习活动过程评价表、综合评价表。

学生准备：学生分组。

二、信息收集

随着我国汽车工业的快速发展，二手车交易市场的规模也在逐步扩大。在发达国家，二手车市场的交易量通常是新车交易量的2~3倍，但目前我国二手车市场的交易量只有新车交易量的1/3，故市场的发展前景和空间仍有较大潜力。目前，国内的二手车经销商大部分只是买与卖，缺乏有关的行业标准，缺乏运作规范，缺乏先进的经营理念。其原因是市场严重缺乏从事二手车业务的专业人士。要成为一名专业的二手车评估师，除了需要对二手车鉴定评估业务"了如指掌"，还需要有诚实守信及爱岗敬业的工作态度，这样，才能算得上是一名合格的二手车评估师。

1. 二手车鉴定评估的相关概念

（1）二手车　二手车的英文为 Second Hand Vehicle，可直译为"第二手的汽车"，在我国也称为"旧机动车"。目前二手车已理解成"用过的汽车"，即不单指第一次转让的车辆，也有可能是被多次转让的车辆。根据《二手车流通管理办法》中规定：二手车是指办理完注册登记手续到国家强制报废标准之前进行交易并转移所有权的汽车、挂车和摩托车。

（2）二手车鉴定　二手车鉴定是指有鉴定评估资格的人员，按照特定的目的，遵循法定或公允的标准程序，运用科学的手段和方法，对二手车的合法性进行查验，对车辆的技术状况进行检测的过程。

（3）二手车评估　二手车评估是指有鉴定评估资格的人员，经过对二手车鉴定之后，对二手车现时价值进行的预测评估过程。

（4）二手车鉴定评估　二手车鉴定评估实质是由鉴定和评估两个过程组成的，而实际工作中没有严格的界限，因此，统称为二手车鉴定评估。为了方便理解和运用，二手车鉴定评估又可定义为由专门的鉴定评估资格人员，按照特定的目的，遵循法定或公允的标准程序，运用科学的手段和方法，对二手车进行手续查验，对车辆的技术状况进行检测及对二手车现时价值进行预测的过程。二手车鉴定评估包括主体和客体。

1）主体。二手车鉴定评估的主体是指二手车鉴定评估业务的承担者，即从事二手车鉴定评估的机构及专业鉴定评估人员。鉴定评估人员的素质对评估工作水平和评估结果的质量有重要影响，所以，二手车鉴定评估人员必须掌握一定的资产评估业务理论及资产评估的方法；熟悉并掌握国家颁布的与二手车交易有关的政策、法规、行业管理制度以及相关的技术标准；具备对二手车的技术状况进行准确的判断和鉴定的能力；具有良好的职业道德，公平公正、遵纪守法，保证二手车鉴定评估质量；同时还必须经过严格的考试，取得国家人力资源和社会保障部颁发的二手车鉴定评估师证书。

2）客体。二手车鉴定评估的客体是指待评估的车辆，是鉴定评估的具体对象。车辆交易前，必须到公安交通管理机关申请车辆检验，检验被交易车辆的车架号和发动机号的全部拓印，若有不一致或改动、凿痕、锉痕、重新打刻等人为改变时，一律扣留审查。根据2005年10月1日起施行的《二手车交易管理办法》中的规定，有下列情况之一的车辆禁止交易：

①已报废或者达到国家强制报废标准的车辆。

②在抵押期间或者未经海关批准交易的海关监管车辆。

③在人民法院、人民检察院、行政执法部门依法查封、扣押期间的车辆。

④通过盗窃、抢劫、诈骗等违法犯罪手段获得的车辆。

⑤发动机号码、VIN码与登记号码不相符，或者有凿改迹象的车辆。

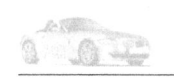

⑥走私、非法拼（组）装的车辆。

⑦手续不齐的车辆。

⑧国家法律、行政法规禁止经营的车辆。

（5）成新率　成新率是二手车新旧程度的衡量指标，是指二手车的功能或使用价值占全新机动车的功能或使用价值的比率，也可理解为二手车的现实状况与机动车全新状况的比率。

（6）折现率　折现率是指将未来有限期预期收益折算成现值的比率。本金化率和资本化率或还原利率则通常是指将未来无限期预期收益折算成现值的比率。

（7）贬值　二手车贬值根据性质不同分为功能性贬值、经济性贬值、有形损耗贬值。

1）功能性贬值。二手车功能性贬值是由于技术进步引起的二手车功能相对落后而导致的贬值，这是一种无形损耗。功能性贬值可分为一次性功能贬值和营运性功能贬值。

一次性功能贬值是由于技术进步引起劳动生产率的提高，现在再生产制造与原功能相同的车辆的社会必要劳动时间减少、成本降低而造成原车辆的价值贬值。

营运性功能贬值是由于技术进步，出现了新的性能更优的车辆，致使原有车辆的功能相对新车型已经落后而引起其价值贬值。具体表现为原有车辆在完成相同工作单元的前提下，在燃料、人力、配件材料等方面的消耗增加，形成了一部分超额运营成本。

2）经济性贬值。经济性贬值是反映社会对各类产品综合的经济性估值的变化，突出表现为供求关系的变化对市场价值的影响。二手车经济性贬值是指由于外部经济环境变化所造成的车辆贬值，它也是一种无形损耗。外部经济环境包括宏观经济政策、市场需求、通货膨胀和环境保护等。如随着高铁的普及，长途客车需求就会减少，其价值就会因此而贬值，反之就会增值。

经济性贬值是由于外部环境而不是车辆本身或内部因素所引起的达不到原有设计的获利能力而造成的贬值。外界因素对车辆价值的影响是客观存在的，而且对车辆价值的影响还相当大，所以，在二手车的评估中不可忽视。

3）有形损耗贬值。二手车实体有形损耗也称实体性贬值，是指二手车在存放和使用过程中，由于物理和化学原因（如机件磨损、锈蚀和老化等）而导致的车辆实体发生的价值损耗，即由于自然力的作用而发生的损耗。计量二手车实体有形损耗时主要根据已使用年限进行分摊。

（8）二手车的原值　二手车原值即原始价值，是指车主在购置以及以其他方式取得某类全新机动车当时所发生的全部货币支出，包括买价、运杂费、车辆购置附加费、消费税、新车登记注册等所发生的费用。

（9）二手车的净值　二手车随着使用的过程逐渐磨损，其原始价值也随着减少而转入企业成本。企业提取的机械折旧额为折旧基金，用于车辆磨损的补偿。提取折旧后，剩余的机械净值称为二手车的净值，它在一定程度上反映了车辆现有价值。

（10）二手车的残值　二手车报废清理时回收的那些材料、废料的价值称残值，它体现二手车丧失生产能力以后的残体价值。

（11）评估值　二手车评估值是遵循一定的计价标准和评估方法，重新确定的二手车现值。

（12）报废汽车　报废汽车（包括摩托车、农用运输车）是指达到国家报废标准，或者虽未达到国家报废标准，但发动机或者底盘严重损坏，经检验不符合国家机动车运行安全技术条件或者国家机动车污染物排放标准的机动车。

（13）拼装车　拼装车是指使用报废汽车发动机、转向机、变速器、前后桥、车架（统称"五大总成"）以及其他零配件组装的机动车。

（14）改装汽车　改装汽车有两种情况，一是厂家改装，是对原车重新设计、改装的，使用的零件是经过国家鉴定合格的，属于合法改装；二是消费者自己委托改装，一般是指改变车身颜色的、更换发动机的、更换车身或者车架的，改装的内容应符合《道路交通安全法》的规定，而且机动车所有人应向登记地车辆管理所申请变更登记。

（15）平行进口车　平行进口车的全称是平行贸易进口车，简称平贸车，是指未经品牌厂商授权，贸易商从海外市场购买，并引入中国市场进行销售的汽车。由于进口地不同，可分为"美规车""中东版车""加版车""欧版车"等，以区别于授权渠道销售的"中规车"。

（16）中规车　所谓"中规车"是厂商根据中国的法律法规生产的，面向中国市场销售的车型，其中就包括4S店销售的进口车以及合资厂家生产的和自主品牌厂家生产的在国内销售的汽车。

（17）美规车 所谓"美规车"是一个广义的概念，主要相对中规车而言，指的是那些生产规格并不是按照中国相关法规，而是按照海外地区的相关要求来生产的进口汽车，其中不仅有按照美国法规生产专供美国市场的美规车，也有按照中东地区法规生产的车型。

2. 二手车评估依据和原则

（1）二手车鉴定评估的依据

1）理论依据。二手车鉴定评估的理论依据是资产评估学，其操作方法遵照国家的相关规定。

2）政策法规依据。二手车鉴定评估工作涉及的主要政策法规有《国有资产评估管理办法实行细则》《旧机动车交易管理办法》《汽车报废标准》等，以及其他方面的政策法规。

3）价值依据。价值依据包括历史依据和现实依据。历史依据主要是二手车辆的账面原值、净值等资料，它具有一定的客观性，但不能作为评估的直接依据；现实依据是以基准日这一时点的现时条件为准，即现时的价值、现时的车辆功能状态等。

（2）二手车鉴定评估的原则 为了保证二手车鉴定评估结果的真实、准确，并做到公平合理，被社会承认，就必须遵循一定的原则。二手车鉴定评估应遵循的原则有公平性原则、独立性原则、客观性原则、科学性原则、专业性原则、可行性原则等。

1）公平性原则。公平性原则是二手车鉴定评估工作人员应遵守的最基本的道德规范。鉴定评估人员的思想作风、工作态度应当公正无私。评估结果应该是公平、合理的，而绝对不能偏向任何一方。

2）独立性原则。独立性原则是要求二手车鉴定评估工作人员应该依据国家的有关法规和规章制度及可靠的资料数据，对被评估的二手车价值作出合理评定，不受外界干扰和委托者意图的影响，从而使评估公正客观地进行。

3）客观性原则。客观性原则是指评估结果应以充分的事实为依据。它要求对二手车计算所依据的数据资料必须真实，对技术状况的鉴定分析应该是真实客观。为此，应加大仪器检查项目，使检测结果更加科学。

4）科学性原则。科学性原则是指在二手车评估过程中，必须根据评估的特定目的，选择适用的评估标准和方法，使评估结果准确合理。

5）专业性原则。专业性原则要求鉴定评估人员接受国家专门的职业培训，经职业技能鉴定合格后由国家统一颁发执业证书，持证上岗。

6）可行性原则。可行性原则亦称有效性原则，要想使鉴定评估的结果真实可靠又简便易行，就要求鉴定评估人员是合格的，具有较高的素质；评估中利用的资料数据是真实可靠的；鉴定评估的程序与方法是合法的、科学的。

3. 二手车鉴定评估人员的专业技能

（1）专业岗位资格　二手车鉴定评估从业人员应具备鉴定评估相关专业知识和鉴定评估的实践经验，并应按规定接受继续教育，充实和更新业务知识，提高鉴定评估的技能。

（2）客户服务技能　二手车鉴定评估从业人员应熟悉和掌握国家有关政策和法规、行业管理制度及有关技术标准，注意收集与鉴定评估有关的业务信息，以提供完善服务。

二手车鉴定评估机构与委托单位（方）在承接和委托业务上，应实行双向选择。汽车鉴定评估从业人员应以良好的服务质量赢得客户，而不得以任何方式限制、利诱或干预委托单位（方）对汽车鉴定评估机构的选择，也不得采取回扣、提成、压价竞争和抬高自己贬低他人等不正当手段招揽业务。

（3）科学评估方法　二手车鉴定评估从业人员在执行业务时，应严肃认真，采用恰当科学的评估方法，按照规定的评估程序，完成承接的鉴定评估业务，履行汽车鉴定评估协议书中规定的各项职责。

（4）提供可靠依据　二手车鉴定评估从业人员对鉴定评估的结果和撰写的评估报告书必须提供可靠、充实的依据，手续核实、技术鉴定、评定估算等评估过程均应形成文字工作底稿，采用的数据信息资料均应注明来源渠道。

（5）同行协调能力　二手车鉴定评估从业人员在本行业中应团结合作，不得以不正当手段损害同行的专业信誉。二手车鉴定评估从业人员承接业务，均应由汽车鉴定评估机构受理，不得以个人名义接受委托、承办业务。

（6）坚持原则立场　二手车鉴定评估从业人员不得允许其他人用本人名义接受委托、承办业务，也不得为其他人的鉴定评估结果签字盖章。

（7）坚持实事求是　二手车鉴定评估从业人员有权要求委托单位（方）提供执行评估业务所需的资料，由于委托单位（方）不提供资料或提供资料不全面、不真实，造成评估结果失实的，鉴定评估人员不承担相应责任。

（8）严格保守秘密　二手车鉴定评估从业人员对于委托单位（方）提供的数据资料和评估结果，应当严格保守秘密。除非得到委托单位（方）的书面允许或依法律、法规要求公布的，不得将任何资料或情况提供或泄露给第三者。

4. 二手车鉴定评估师

（1）二手车鉴定评估师的定义　二手车鉴定评估师指从事二手车技术状况鉴定和价值评估的人员。

（2）二手车鉴定评估师等级说明　本职业共设两个等级，分别为二手车鉴定评估师（国家职业资格四级）、高级二手车鉴定评估师（国家职业资格三级）。

（3）申报流程　学员递交书面材料→初审、报批、审查通过→开始培训→考试→成绩查询→发证。

（4）二手车鉴定评估师考核　分为理论知识考试和技能操作考核，理论知识考试时间为120min，技能操作考核时间为90min。理论知识考试采用闭卷笔试或机考方式，技能操作考核采用实际操作、现场答辩等方式。理论知识考试和技能操作考核均实行百分制，成绩皆达60分及以上者为合格。

5. 二手车经纪人

（1）二手车经纪人定义　二手车经纪人指在二手车交易活动中，以收取佣金为目的，为促成交易而从事居间、行纪或者代理等经纪业务的人员。

二手车经纪人主要工作任务包括：收集、分析车源信息，提供信息咨询服务；分析客户需求，维护客户关系；协助收购车源；与客户磋商、谈判并签订委托合同；协助进行车辆鉴定评估和办理过户；按约定进行结算并获取佣金；协助提供运输、保险、金融等服务。

（2）二手车行业人才现状

1）相关人才缺口大。随着二手车行业的快速壮大，二手车经理人才日渐匮乏。当前，国内有近3万家4S店，未来均将开设二手车业务部门；国内从事二手车交易买卖的二手车经营公司、二手车经纪公司、二手车评估公司、二手车交易市场等，全国总计约有5万家，都需要专业二手车经理人才。未来三年内，二手车业务管理人才的需求缺口将达到10万人。

2）从业人员素质低。由于在职人员未经过专业培训，业务水平参差不齐，并且二手车企业缺少系统化培训机制，导致无法满足快速发展的二手车行业。

3）无从业标准。一是评估人员鱼龙混杂。虽然部分二手车市场开始借助二手车评估师进行车辆综合情况评估，但由于有合格资质的评估师数量有限，导致有的从事二手车评估工作的评估师可能只是在汽车维修店干过几年，经过公司内部简单培训就上岗从业，存在滥竽充数的现象；甚至个别二手车评估师弃评估设备于不用，单凭个人经验来出具报告，存在盲人摸象的现象。二是评估标准不统一。目前我国二手车来源主要有私家车换新、公务用车被淘汰、伪装问题车辆等渠道，其中私家车已成为二手车市场的主要交易标的；二手车评估标准主要参照《二手车鉴定评估技术规范》（GB/T 30323—2013），但它是推荐性标准，不具有强制性，因此，由于缺少对二手车品质的合理鉴证依据，导致入市交易的二手车品质缺乏保证，交易中经常出现评估随意、定价不当的情况，甚至有的服务企业为了争夺市场，有意在品质与价格条件上对交易双方加以误导，损害其利益。

（3）二手车经纪人五大职业功能　二手车经纪人的五大职业功能是二手车销售、二手车收购、二手车信息技术应用、增值服务和培训指导。

（4）二手车经纪人等级说明　本职业定义了4个等级的标准，主要是依据职业晋升阶段及对应的职业功能中的岗位技能，分别为：四级/中级工、三级/高级工、二级/技师、一级/高级技师。

四级/中级工对应岗位为二手车销售专员；三级/高级工对应岗位为二手车销售经理；二级/技师对应岗位为二手车门店店总和二手车销售总监；一级/高级技师对应培训指导讲师、战略分析师和创新模式分析师。

（5）二手车经纪人考核标准　二手车经纪人考核分为理论知识考试、技能考核以及综合评审。理论知识考试以机考方式为主，主要考核从业人员从事本职业应掌握的基本要求和相关知识要求；技能考核主要采用现场操作、计算机模拟操作、案例分析等方式进行，主要考核从业人员从事本职业应具备的技能水平；综合评审主要针对技师和高级技师，通常采取审阅申报材料、答辩等方式进行全面评议和审查。

三、工作计划与决策

将全班同学分组，四人一组，分别扮演客户和工作人员，根据客户车辆状况和需求情况，制订车辆鉴定、评估和交易计划，与客户进行沟通，并填写书后练习册中的表1-1。

四、任务实施

在教师的指导下完成工作计划：

1）完成表 1-1 中的内容。

2）各组学生互相监督说出二手车鉴定评估的依据和原则。

3）各组学生互相监督说出二手车鉴定评估人员需要具备的专业技能。

五、评价反思

请扫下方二维码进行评价。

六、巩固与练习

具体内容见练习册第 2 页。

任务二 车辆合法性检查

二手车证件案例

✏️ 学习情境

客户李先生根据评估师的建议，拿出了车辆的证件，并根据车辆合法性检查的要求，备齐了相关手续，和评估师联系，要求对车辆的合法性进行检查。

✏️ 任务分析

车辆的合法性是车辆进入二手车流通领域的重要前提，因此，在对车辆的性能进行鉴定之前进行合法性的检查，是进行二手车评估过程中必不可少的环节之一。同时，该知识点的学习实战性较强，需要评估人员对各类证件进行仔细检查，以免使不合法的车辆进入流通领域，给客户带来隐患。

✏️ 学习目标

知识目标

1）会描述车辆的相关手续。
2）会分析二手车交易过程中的注意事项。

技能目标

1）会对客户车辆合法手续进行查验。
2）会与客户进行二手车评估交易的洽谈工作。

素养目标

1）通过工作任务的实施，培养学生慎辨思维和创新能力。
2）通过车辆合法性检查的学习，培养学生法律法规意识。

✏️ 学习任务

对客户要求交易的车辆进行合法性检查与交易咨询。

一、学习准备

车辆准备：实训车辆。

资料准备：学习资源、学习活动过程评价表、综合评价表。

学生准备：学生分组。

二、信息收集

二手车属于单位价值较高的严管商品，只有手续齐全、有效、合法的二手车才能在市场进行流通，因此必须对车辆的合法性进行检查。它的价值包括车辆本身的有形价值，也包括车辆各项合法手续和证件的无形价值，只有这样才能体现出二手车的完整价值。作为二手车评估师，首先要树立正确的法律法规意识，有正确的价值观，要严格按照相关的法律法规对二手车辆进行合法性审查，确保车辆合法，保障客户的权益。

1. 二手车合法凭证的检查

（1）二手车评估　旧机动车作为一类资产，有别于其他类型的资产，有其自身的特点，其主要特点有：

1）单位价值较大，使用时间较长。

2）工程技术性强。

3）使用强度、使用条件和维护水平差异大。

4）使用管理严格，各项税费附加值高。

这些特点决定了对旧机动车评估的特殊要求。旧机动车评估对象必须以具有合法手续为前提，旧机动车评估必须以单辆车技术鉴定为基础，旧机动车评估要考虑其手续构成的价值。

（2）二手车评估的手续检查　二手车评估的手续检查是指检查汽车上路行驶，按照国家法规和地方法规应该办理的各项有效证件和应该交纳的各项税费凭证。二手车属特殊商品，它的价值包括车辆实体本身的有形价值和以各项手续构成的无形价值，只有这些手续齐全，才能发挥机动车辆的实际效用，才能办理正常的过户、转籍，才能构成车辆的全价值。没有合法手续的汽车不是二手车鉴定估价师的评估对象。

二手车评估手续检查的内容包括：

1）机动车的主要证件。机动车的主要证件包括机动车来历凭证、机动车行驶证、机动车登记证书、机动车号牌、道路运输证等法定证件。

①机动车来历凭证。机动车来历凭证包括在国内购买机动车的来历凭证，是全国统一的机动车销售发票或者二手车销售发票；在国外购买的机动车，其来历凭证是该车销售单位开具的销售发票及其翻译文本。

人民法院调解、裁定或者判决转移的机动车，其来历凭证是人民法院出具的已经生效的《调解书》《裁定书》或者《判决书》以及相应的《协助执行通知书》。

仲裁机构仲裁裁决转移的机动车，其来历凭证是《仲裁裁决书》和人民法院出具的《协助执行通知书》。

继承、赠予、中奖和协议抵偿债务的机动车，其来历凭证是继承、赠予、中奖和协议抵偿债务的相关文书和公证机关出具的《公证书》。

资产重组或者资产整体买卖中包含的机动车，其来历凭证是资产主管部门的批准文件。

国家机关统一采购并调拨到下属单位未注册登记的机动车，其来历凭证是全国统一的机动车销售发票和该部门出具的调拨证明。

国家机关已注册登记并调拨到下属单位的机动车，其来历凭证是该部门出具的调拨证明。

经公安机关破案发还的被盗抢且已向原机动车所有人理赔完毕的机动车，其来历凭证是保险公司出具的《权益转让证明书》。

更换发动机、车身、车架的机动车，其来历凭证是销售单位或者修理单位开具的发票。

②机动车行驶证。机动车行驶证是由公安车辆管理机关依法对车辆进行注册登记核发的证件，它是机动车取得合法行驶权的凭证。《中华人民共和国道路交通安全法》规定，机动车行驶证是车辆上路行驶必需的证件，《机动车登记规定》中规定机动车行驶证是二手车过户、转籍必不可少的证件。

③机动车登记证书。根据公安部发布的《机动车登记规定》，在我国境内道路上行驶的机动车，应当按规定经机动车登记机构办理登记，核发机动车号牌、机动车行驶证和机动车登记证书。

机动车所有人申请办理机动车各项登记业务时均应出具机动车登记证书；当登记信息发生变动时，机动车所有人应当及时到车辆管理所办理相关手续；

当机动车所有权转移时，原机动车所有人应当将机动车登记证书随车交给现机动车所有人。目前，机动车登记证书还可以作为有效资产证明，到银行办理抵押贷款。

机动车登记证书同时也是机动车的"户口本"，所有机动车的详细信息及机动车所有人的资料都记载在上面，证书上所记载的原始信息发生变化时，机动车所有人应携机动车登记证书到车管所作变更登记。这样，"户口本"上就有机动车从"生"到"死"的一套完整记录。

公安车辆管理部门是机动车登记证书的核发单位。凡2001年10月1日之后新购机动车，都随车办好了证书，凡2001年10月1日之前购车未办领机动车登记证书的机动车所有者，必须补办机动车登记证书。

机动车登记证书是二手车评估人员必须认真查验的手续，机动车登记证书与机动车行驶证相比，内容更详细，一些评估参数必须从机动车登记证书获取，如使用性质的确定等。

④机动车号牌。机动车号牌是由公安车辆管理机关依法对机动车进行注册登记核发的号牌，它和机动车行驶证一同核发，其号码与行驶证应该一致。它是机动车取得合法行驶权的标志。《中华人民共和国道路交通安全法》规定，机动车号牌不得故意遮挡、污损。

机动车号牌有两种类型，即"九二"式和"二〇〇二"式号牌。"二〇〇二"式号牌仅在北京等几个城市应用，且数量少，已不再核发。目前广泛采用的是"九二"式号牌。机动车号牌是按中华人民共和国公安部发布的《中华人民共和国机动车号牌》（GA 36—2018）标准制作的。

⑤道路运输证。道路运输证是县级以上人民政府交通主管部门设置的道路运输管理机构对从事旅客运输（包括城市出租客运）、货物运输的单位和个人核发的随车携带的证件。营运车辆转籍过户时，应到运管机构及相关部门办理营运过户有关手续。

2）身份证明。即买卖双方证明或居民身份证，这些证件主要是向注册登记机关证明机动车所有权转移所必需的车主身份证明和住址证明。

3）二手车的税费缴纳凭证。

①车辆购置税完税证明。车辆购置税是依据《中华人民共和国车辆购置税法》，对在中国境内购置规定车辆的单位和个人征收的一种税。已经缴纳车辆购置税的车辆进行二手车交易，必须出示车辆购置税完税证明（见图2-1）。除国

家规定可以免交购置税的车辆外（见图 2-2），漏交购置税的车辆必须补交车辆购置税。

图 2-1　车辆购置税完税证明

图 2-2　车辆购置税免办凭证

②机动车交通事故责任强制保险单。保险费是为了防止机动车辆发生意外事故，避免用户发生较大损失而向保险公司所交付的费用。机动车保险包括商业保险和交通事故责任强制保险（简称"交强险"）两种。其中，商业保险是自愿投保，主要险种有车辆损失险、第三者责任险、车上人员责任险等；而交强险是强制性的，必须投保。机动车交通事故责任强制保险单是交强险的凭证（见图 2-3）。

③车船税纳税凭证。依据《中华人民共和国车船税法》，凡在中国境内拥有车辆、船舶的单位和个人，都应该缴纳车船税。国家有关部门对节约能源、使用新能源的车船制定了车船税优惠政策。交强险保单中的代收车船税纳税记录是机动车缴纳车船税的凭证（见图 2-4）。

图 2-3　机动车交通事故责任强制保险单

图 2-4　车船税纳税凭证

（3）检查证件的方法　《二手车流通管理办法》规定，二手车交易必须提供机动车来历凭证、机动车行驶证（见图 2-5）、机动车登记证书（见图 2-6）、机动车号牌、道路运输证、营运证和机动车安全技术检验合格标志等法定证件。

图 2-5　机动车行驶证　　图 2-6　机动车登记证书

1）查验机动车来历凭证。机动车来历凭证除了全国统一的机动车销售发票或者二手车销售发票之外，还有法院调解书、裁定书、判决书、公正书、权益转让证明书、没收走私汽车证明书、协助执行通知书、调拨证明等机动车来历凭证。凡无合法机动车来历凭证者，应谨慎处理。

2）查验机动车行驶证。《中华人民共和国机动车登记管理办法》规定，机动车行驶证是二手车过户、转籍必不可少的证件，应认真查验，并检查其真伪。识别机动车行驶证的真伪的方法包括：查看识伪标记；查看车辆彩照与实物是否相符；查看行驶证纸质、印刷质量、字体、字号；查看检验合格章等。车辆管理机关规定超过两年未检验的车辆按报废处理。对此，二手车评估人员要对行驶证的有效期特别重视。

3）查验机动车登记证书。机动车登记证书是机动车的"户口本"，所有机动车的详细信息及机动车所有人的资料都记载在上面。在二手车评估中，一些评估参数必须从机动车登记证书获取，为此应当详细检查机动车登记证书每个项目的内容及其变更情况，并进行认真核对。具体项目包括：核对机动车所有人是否曾为出租公司或租赁公司；核对登记日期和出厂日期是否时间跨度很大；核对进口车是海关进口或海关罚没；核对使用性质是非营运、营运、租赁或营转非（机动车使用性质主要有公路客运、公交客运、出租客运、旅游客运、租赁、货运、非营运、警用、消防、救护、工程抢险、营转非、出租营转非等多种）；核对登记栏内是否注明该车已作抵押；对于货运车辆，核对长、宽、高、轮距、轴距、轮胎的规格是否一致，以及钢板弹簧片数是否一致或存在加厚的现象；核对现机动车登记证书持有人与受委托人是否一致等。

4）查验机动车号牌。机动车号牌的检查主要包括：检验号牌的固封是否完好，有无撬过的痕迹，是否在封帽上打有标志，如北京的应有"京"、江苏的应有"苏"、上海的应有"沪"等；检验号牌有无凹凸不平或折痕过多，若号牌凹凸不平或折痕过多，说明该车常有事故发生；正常的机动车号牌字体应清楚有立体质感，无补洞，号牌字体上的荧光漆应清洁、平整、光滑，号牌字体大小一致、间隙匀称，而假冒的号牌在这些方面会有破绽。

5）查验道路运输证。道路运输证由交通部制，分为正本和副本。正本第一行左上方为运政号，第二行为业户名称，第三行为地址，第四行为车辆行驶证号，第五行为经营许可证号，第六行为车辆类型，第七行为吨（座）位，第八行为经营范围，第九行为经济类型，第十行为企业经营资质等级，第十一行为备注，第十二行为核发机关和日期，第十三行为审验有效期。副本作为查扣及待理记载依据之用，与道路运输证同时生效的还有公路运输管理费缴讫证。道路运输证上的暗花数字和注明的项目应一一核对，并验证道路运输管理证件专用章，以上字体应清楚，规费交的类型应与车辆核载质量（货车）或人数（轿车）一致。

6）查验营运证。对于营运车，应查验营运证。营运证分为客运营运证和货运营运证两种。客运营运证由客运管理处监督管理，货运营运证由交通运输管理部门监督管理。从事营运车辆的驾驶员必须持有交通运输管理部门培训合格后颁发的道路运输上岗证。车辆必须持有营运证才能上路营运，否则是违法行为。营运证是国家为了保护人民生命财产安全和规范道路运输市场秩序而产生的。营运证是一车一证，严禁套用、转借，遗失须申报补办手续。

7）查验机动车安全技术检验合格标志。机动车安全技术检验合格标志是机动车安全技术符合行驶要求的重要证明，应检查该合格标志是否有效。目前全国已实行车辆检验标志电子化，无须在机动车前窗张贴检验合格标志。10年以内的非营运微型机动车在第二年、第四年、第八年在交管平台12123直接申领检验合格电子标志即可，无须线下检验，第六年和第十年则需要在检测机构进行线下安全技术检测，十年后则需一年一审。机动车检验合格电子标志见图2-7。

图2-7　机动车检验合格电子标志

2. 二手车交易与评估手续

公安部发布的《机动车登记规定》规范了二手车交易过户、转籍登记行为，全国车辆管理机关在执行这一法定程序时，由于各地区情况不一，在执行时根据实际情况略有变化。对二手车鉴定评估人员来说，除了掌握二手车交易过户、转籍的办理程序以外，也有必要熟悉新机动车牌号、行驶证的核发程序。

（1）过户类交易需提供的材料

1）过户类交易需提交的证件和材料。过户类交易所递交的证件和材料有很强的针对性，不同产权归属，要求也不尽一致，一般要求二手车所有人或委托代理人递交下列证件和材料：

①机动车行驶证。

②机动车登记证书。

③机动车注册/转入登记表（副表），如表2-1所示。

表2-1　机动车注册/转入登记表

机动车登记编号：　　　　　　　　　　　　　登记证书编号：

1. 姓名/名称				2. 联系电话	
3. 身份证明名称及号码				4. 单位/个人	
5. 住所地址				6. 邮政编码	
7. 暂住地址				8. 邮政编码	
9. 车辆类型		10. 使用性质		11. 机动车获得方式	
12. 制造厂名称				13. 国产/进口	
14. 车辆品牌			15. 车辆型号		
16. 车辆识别代号/车架号			17. 发动机号		
18. 发动机颜色			19. 排量/功率		mL　　kW
20. 车身颜色			21. 外廓尺寸	长　　宽　　高　　mm	
22. 燃料种类			23. 转向形式		24. 货箱内部尺寸　　mm
25. 钢板弹簧片数	后轴　　片		26. 轴数		27. 轴距　　mm
28. 轮胎数			29. 轮胎规格		30. 轮距　前　mm 后　mm
31. 总质量	kg		32. 整备质量	kg	33. 核定载质量　　kg
34. 准牵引总质量	kg		35. 核定载客	人	36. 驾驶室载客　　人
37. 来历凭证名称			38. 来历凭证编号		

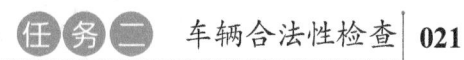

(续)

39.进口凭证名称			40.进口凭证编号	
41.完/免税证明名称			42.完/免税证明编号	
43.销售单位/交易市场名称			44.销售/交易价格	
45.车辆出厂日期		49.登记机关章		
46.注册日期				
47.转入日期				
48.备注				
50.车辆照片				
51.贴发动机号拓印				
52.贴车辆识别代码/车架号拓印				

④机动车过户、转入、转出登记申请表，如表2-2所示。

表2-2 机动车过户、转入、转出登记申请表

机动车登记证书编号				号牌号码		
申请事项	□过户		□转出	□转入		
机动车所有人	姓名/名称				联系电话	
	住所地址				邮政编码	
	暂住地址				邮政编码	
	身份证明名称		号码		□常住人口 □暂住人口	

（续）

机动车	机动车使用性质	☐公路客运 ☐公交客运 ☐出租客运 ☐旅游客运 ☐租赁 ☐货运 ☐非营运 ☐警用 ☐消防 ☐救护 ☐工程抢险		
	机动车获得方式	☐购买 ☐法院调解、裁定、判决 ☐仲裁裁决 ☐集成 ☐赠予 ☐协议抵偿债务 ☐资产重组 ☐资产整体买卖 ☐调拨		
	机动车厂牌型号			
	车辆识别代码/车架号			
	发动机型号			
相关资料	来历凭证	☐销售/交易发票 ☐调解书 ☐裁定书 ☐裁决书 ☐仲裁判决书 ☐相关文书 ☐批准文件 ☐调拨证明	现机动车所有人： （个人签字/单位盖章） 年 月 日	
	其他	☐中华人民共和国海关监管车辆解除监管证明书 ☐协助执行通知书 ☐机动车档案 ☐公证书 ☐身份证明 ☐行驶证		
事项明细	转入地名称	省（区） 地（市） 县（市）		
申请方式	☐现机动车所有人申请 ☐现机动车所有人委托代理申请			
代理人		姓名/名称		联系电话
		住所地址		代理人： （个人签字/单位盖章） 年 月 日
		身份证明名称	号码	
	经办人	姓名		
		身份证明名称	号码	
		住所地址		
		签字	年 月 日	

填表说明

1. 填表时使用黑色、蓝色墨水笔，字体工整。

2. 标注有"☐"符号的为选择项目，选择后在"☐"中划"√"。

3. 现机动车所有人的住所地址栏，属于个人的，填写身份证件上签注的地址，机动车所有人为我国内地居民且经常居住地与户籍地不在同一车辆管理所辖区域的，除按照居民身份证填写住所地址栏外，还要按照暂住证填写暂住地址栏；属于单位的，填写组织机构代码证书上签注的地址。

4. 机动车栏的"机动车厂牌型号""车辆识别代码/车架号""发动机型号"项目，按照车辆的技术说明书、合格证等资料标注的内容与车辆核对后填写。

5. 申请方式栏，属于由机动车所有人委托代理单位或代理人代为申请的，除在"☐"内划"√"外，还应当在下画线处填写代理单位或代理人的全称。

6. 现机动车所有人的签字/盖章栏，属于个人的，由机动车所有人签字，属于单位的，盖单位公章。

7. 代理人栏，属于个人代理的，填写代理人的姓名、住所地址、身份证明名称和号码，在代理人栏内签名，不必填写经办人姓名等栏目；属于单位代理的，应填写代理人栏的所有内容，代理单位应盖单位公章，经办人签字。

⑤现机动车所有人身份证明原件和复印件（企事业单位需提供组织机构代码证和 IC 卡，个人需提供户口簿和身份证）；外省（市）居民凭住满一年以上的暂住证，外籍人士凭居留证，香港、澳门特别行政区的居民凭暂住证，台湾居民凭台湾居民来往大陆通行证等的原件和复印件；军人凭中国人民解放军或中国人民武装警察部队核发的军人身份证件及团以上单位出具的本人所住地址证明的原件和复印件。

⑥机动车照片。

⑦机动车来历凭证。机动车来历证明可以来自以下各个方面：二手车销售发票或二手车中介／服务业发票；人民法院调解、裁定或裁决所有权转移的车辆，应出具已经生效的调解书、裁定书或裁决书，及相应的协助执行通知书原件和复印件；仲裁机构裁决的所有权转移的车辆，应出具已经生效的仲裁裁决书和人民法院出具的协助执行通知书原件和复印件；继承、赠予、协议抵债的车辆，应提供相应文件和公证机关的公证书原件和复印件；国家机关已注册登记并调拨到下属单位的车辆，应出具该部门的调拨证明；资产重组或者资产整体买卖中包含的机动车，其来历凭证是资产主管部门的批准文件；过入方为机关、事业单位的还需提供车辆编制证。

⑧已封袋的机动车登记业务流程记录单，如表 2-3 所示。

表 2-3 机动车登记业务流程记录单

流水号：

业务种类：　　　　　　　　　车辆类型：
机动车所有人：　　　　　　　品牌型号：
机动车登记编号：　　　　　　号牌种类：

流程序号	岗位名称	业务内容	经办人	经办日期
1	登记审核岗	受理、审核		年　月　日
2	牌证管理岗	发牌、收回车辆照片、制证		年　月　日
3	业务领导岗	复核车辆手续		年　月　日
4	档案管理岗	复核资料、归档、入库		年　月　日
登 记 栏				
1				
2				

（续）

3	
4	
5	
6	
7	
8	
9	
10	
请示事项	

注：1. 将签注机动车登记证书的事项签注在登记栏内。
2. 需要留存机动车标准照片的车辆识别代号（车架号码）拓印膜的，粘贴在背面。

⑨出让方填写的机动车基本情况承诺书。

⑩二手车鉴定评估报告书。示例如下：

二手车鉴定评估报告书

鉴定评估机构评报字（　　年）第　　　号

一、绪言

接受　　的委托，根据国家有关资产评估的规定，本着客观、独立、公正、科学的原则，按照公认的资产评估方法，对（车辆）进行了鉴定评估。本机构鉴定人员按照必要的程序，对委托鉴定评估车辆进行了实地查勘与市场调查，并对其在　　年　月　日所表现的市场价值作了公允反映。现将车辆评估情况及鉴定评估结果报告如下：

二、委托方与车辆所有方简介

委托方：　　　　　　　　　　　　委托方联系人：
联系电话：　　　　　　　　　　　车主姓名：

三、评估目的

根据委托方的要求，本项目评估目的：
□交易　□转籍　□拍卖　□置换　□抵押　□担保　□咨询　□司法裁决

四、评估对象

厂牌型号：　　　　　　　　　　　牌照号码：
发动机号：　　　　　　　　　　　车辆识别代号：
年审检验合格至：　　　年　月　　交强险截止日期：　　　年　月

车船税截止日期： 年 月

是否查封、抵押车辆：□是 □否 车辆购置税证：□有 □无

机动车登记证书：□有 □无 机动车行驶证：□有 □无

使用性质：□公务用车 □家庭用车 □营运用车 □出租车 □其他

五、鉴定评估基准日

鉴定评估基准日： 年 月 日

六、评估原则

严格遵循"客观性、独立性、公正性、科学性"原则。

七、评估依据

（一）行为依据

二手车评估委托书第 号

（二）法律、法规依据

1.《国有资产评估管理办法》

2.《国有资产评估管理办法实施细则》

3.《二手车流通管理办法》

4.《二手车流通管理办法实施细则》

5.《汽车报废标准》

6.其他相关的法律、法规等

（三）产权依据

委托鉴定评估车辆的机动车登记证书编号：

（四）评定及取价依据

车身外观检查项目与扣分标准

序号	检查部位	部位代码	缺陷状态与代号					缺陷程度代号与扣分标准[①]				扣分
			划痕	变形	锈蚀	裂纹	凹陷	修复痕迹	1	2	3	4	
			HH	BX	XS	LW	AX	XF	扣0.5分	扣1分	扣1.5分	扣2分	
1	发动机舱盖表面	14											
2	左前翼子板	15											
3	左后翼子板	16											
4	右前翼子板	17											
5	右后翼子板	18											
6	左前车门	19											
7	右前车门	20											
8	左后车门	21											
9	右后车门	22											
10	行李舱盖	23											

（续）

序号	检查部位	部位代码	缺陷状态与代号					缺陷程度代号与扣分标准[①]				扣分
			划痕	变形	锈蚀	裂纹	凹陷	修复痕迹	1	2	3	4	
			HH	BX	XS	LW	AX	XF	扣0.5分	扣1分	扣1.5分	扣2分	
11	行李舱内侧	24											
12	车顶	25											
13	前保险杠	26											
14	后保险杠	27											
15	左前轮	28											
16	左后轮	29											
17	右前轮	30											
18	右后轮	31											
19	前照灯	32											
20	后尾灯	33											
21	前风窗玻璃	34											
22	后风窗玻璃	35											
23	四门风窗玻璃	36											
24	左后视镜	37											
25	右后视镜	38											
26	轮胎	39											
	总计												

① 缺陷程度代号的含义：1 表示缺陷面积小于或等于 100mm×100mm；2 表示缺陷面积大于 100mm×100mm 小于或等于 200mm×300mm；3 表示缺陷面积大于 200mm×300mm；4 表示轮胎花纹深度小于 1.6mm。

发动机舱检查项目与扣分标准

序号	检查项目	部位代码	选择项与扣分标准						扣分	得分
			A项	扣分标准	B项	扣分标准	C项	扣分标准		
1	机油有无冷却液混入	40	无	0	轻微	1.5	严重	1.5		
2	缸盖外是否有机油渗漏	41	无	0	轻微	5	严重	5		
3	前翼子板内缘、散热器框架、横拉梁后无凹凸或修复痕迹	42	无	0	轻微	1.5	严重	3		
4	散热器格栅后无破损	43	无	0	轻微	1.5	严重	3		
5	蓄电池电极桩柱后无腐蚀	44	无	0	轻微	2	严重	4		

(续)

序号	检查项目	部位代码	选择项与扣分标准						扣分	得分
			A项	扣分标准	B项	扣分标准	C项	扣分标准		
6	蓄电池电解液无渗漏、缺少	45	无	0	轻微	1.5	严重	3		
7	发动机传动带有无老化、裂痕	46	无	0	轻微	1.5	严重	3		
8	油管、水管有无老化、裂痕	47	无	0	轻微	1.5	严重	3		
9	线束有无老化、破损	48	无	0	轻微	1.5	严重	3		
10	其他	49	只描述缺陷，不扣分							
	总计									

车舱检查项目与扣分标准

序号	检查项目	部位代码	选择项与扣分标准				扣分	得分
			A项	扣分标准	C项	扣分标准		
1	车内无水泡痕迹	50	是	0	否	1.5		
2	车内后视镜、座椅是否完整、无破损、功能正常	51	是	0	否	0.5		
3	车内是否整洁、无异味	52	是	0	否	0.5		
4	转向盘自由行程转角是否小于15°	53	是	0	否	1		
5	车顶及周边内饰是否无破损、松动及裂缝和污迹	54	是	0	否	1		
6	仪表台是否无痕迹，配件是否无缺失	55	是	0	否	1		
7	变速杆手柄及护罩是否完好、无破损	56	是	0	否	1		
8	储物盒是否无裂痕、配件是否无缺失	57	是	0	否	1		
9	天窗是否移动灵活、配件是否缺失	58	是	0	否	1		
10	门窗封条是否良好、无老化	59	是	0	否	1		
11	安全带结构是否完整、功能是否正常	60	是	0	否	1		
12	驻车制动系统是否灵活有效	61	是	0	否	1		
13	玻璃窗升降器、门窗工作是否正常	62	是	0	否	1		
14	左、右后视镜折叠装置工作是否正常	63	是	0	否	1		
15	其他	64	是	0	否	1		
	总计							

发动机起动检查项目与扣分标准

序号	检查项目	部位代码	选择项与扣分标准 A项	扣分标准	C项	扣分标准	扣分	得分
1	车辆起动是否顺畅（时间少于5s，或一次起动）	65	是	0	否	2		
2	仪表板指示灯显示是否正常，无故障报警	66	是	0	否	2		
3	各类灯光和调节功能是否正常	67	是	0	否	1		
4	泊车辅助系统工作是否正常	68	是	0	否	0.5		
5	制动防抱死系统（ABS）工作是否正常	69	是	0	否	0.5		
6	空调系统风量、方向调节、分区控制、自动控制、制冷工作是否正常	70	是	0	否	0.5		
7	发动机在冷、热车条件下怠速运转是否稳定	71	是	0	否	0.5		
8	匀速运转时发动机是否无异响，空档状态下逐渐增加发动机转速，发动机声音过渡是否无异响	72	是	0	否	10		
9	车辆排气是否无异常	73	是	0	否	10		
10	其他	74						
	总计							

路试检查项目与扣分标准

序号	检查项目	部位代码	选择项与扣分标准 A项	扣分标准	C项	扣分标准	扣分	得分
1	发动机运转、加速是否正常	75	是	0	否	2		
2	车辆起动前踩下制动踏板，保持5~10s，踏板无向下移动的现象	76	是	0	否	2		
3	踩住制动踏板起动发动机，踏板是否向下移动	77	是	0	否	2		
4	行车制动系统最大制动效能在踏板全行程的4/5以内达到	78	是	0	否	2		
5	行驶是否无跑偏	79	是	0	否	2		
6	制动系统工作是否正常有效、制动不跑偏	80	是	0	否	2		
7	变速器工作是否正常、无异响	81	是	0	否	2		
8	行驶过程中车辆底盘部位是否无异响	82	是	0	否	2		
9	行驶过程中车辆转向部位是否无异响	83	是	0	否	2		
10	其他	84						
	总计							

底盘检查项目与扣分标准

序号	检查项目	部位代码	选择项与扣分标准				扣分	得分
			A项	扣分标准	C项	扣分标准		
1	发动机油底壳是否无渗漏	85	是	0	否	4		
2	变速器箱体是否无渗漏	86	是	0	否	4		
3	转向节臂球销是否无松动	87	是	0	否	3		
4	三角臂球销是否无松动	88	是	0	否	3		
5	传动轴十字轴是否无松旷	89	是	0	否	2		
6	减振器是否无渗漏	90	是	0	否	2		
7	减振弹簧是否无渗漏	91	是	0	否	2		
8	其他	92						
	总计							

功能性零部件检查

序号		检查项目	部位代码	结构、功能是否坏损描述
1	车身外部件	发动机舱盖锁止	93	
2		发动机舱盖液压撑杆	94	
3		后门/行李舱液压支撑杆	95	
4		各车门锁止	96	
5		前后刮水器	97	
6		立柱密封胶条	98	
7		排气管及消声器	99	
8		车轮轮毂	100	
9	驾驶舱内部件	车内后视镜	101	
10		座椅调节及加热	102	
11		仪表板出风管道	103	
12		中央集控	104	
13	随车附件	备胎	105	
14		千斤顶	106	
15		轮胎扳手及随车工具	107	
16		三角警示牌	108	
17		灭火器	109	
18	其他	全套钥匙	110	
19		遥控器及功能	111	
20		音响高低音色	112	
21		玻璃加热功能	113	

八、评估方法

☐ 重置成本法　　☐ 现行市价法　　☐ 收益现值法　　☐ 其他

计算过程如下：

1. 重置成本：因该车鉴定评估目的为交易，故重置成本＝市场综合价＝　　　万元
2. 调整系数：用加权平均法计算
3. 成新率：采用综合分析法计算成新率

成新率＝（1－已使用年限／规定使用年限）×调整系数×100%

成新率＝

4. 评估价值：

评估价值＝重置成本×成新率×调整系数

评估价值＝

九、评估过程

按照接受委托、验证、现场查勘、评定估算、提交报告的程序进行。

十、评估结论

车辆评估价格　　　　　元，金额大写：

十一、特别事项说明

十二、评估报告法律效力

（一）本项评估结论有效期为90天，自评估基准日至　　　年　月　日止。

（二）当评估目的在有效期内实现时，本评估结果可以作为作价参考依据。超过90天，需重新评估。另外，在评估有效期内若被评估车辆的市场价格或因交通事故等原因导致车辆的价值发生变化，对车辆评估结果产生明显影响时，委托方也需要委托评估机构重新评估。

（三）鉴定评估报告书的使用权归委托方所有，其评估结论仅供委托方为本项目评估的使用和送交旧机动车鉴定评估主管机关审查使用，不适用于其他目的；因使用本报告书不当而产生的任何后果与签署本报告书的鉴定估价师无关；未经委托方许可，本鉴定评估机构承诺不将本报告书的内容向他人提供或公开。

附件：

1. 二手车鉴定评估委托书
2. 二手车鉴定评估作业表
3. 车辆行驶证购置附加税（复印件）

注册旧机动车鉴定评估师（签字、盖章）　　　　　　　　复核人（签字、盖章）

（旧机动车鉴定评估机构盖章）

年　月　日

2）过户类交易材料受理注意事项如下：

①香港、澳门特别行政区居民的"Z"字号牌转入和外国人的外籍号牌及领事馆号牌转入，需提供《中华人民共和国海关监管车辆解除监管证明书》或车辆管理所出具的联系单。

②公务车自初次登记之日起满三年方可办理过户；未满三年办理过户的，须由过入方提供上牌额度，日期按机动车行驶证初次登记日期计算。

③留学回国人员和特批的自备车、摩托车，自初次登记之日起满五年方可办理过户，未满五年办理过户手续的，须由过入方提供上牌额度，日期按机动车行驶证初次登记日期计算。

④企事业单位的车辆自初次登记之日起满两年方可过户给个人，未满两年的，须由过入方提供上牌额度，日期按机动车行驶证初次登记日期计算。

⑤公安系统"警"字号牌车辆过户，须经市公安局后保部装备处批准。

（2）转出（转籍）类交易需提供的材料

1）转出（转籍）类交易应当提交的证件和材料。转出（转籍）类交易所递交的证件、牌证和材料，应严格按照公安部发布的《机动车登记规定》办理。因为全国有统一的车辆和车辆档案的接收标准，如有不符则有可能被退档，它要求机动车所有人或委托代理人递交下列材料：

①机动车行驶证。

②机动车登记证书。

③机动车注册/转入登记表（副表）。

④机动车过户、转入、转出登记申请表。

⑤机动车转籍更新申请表、机动车退牌更新申请表、机动车置换（过户、转籍）联系单。

⑥机动车号牌（退牌、置换车辆除外）。

⑦机动车照片。

⑧海关监管车辆，应出具《中华人民共和国海关监管车辆解除监管证明书》或车管所出具的联系单。

⑨现机动车所有人身份证明原件和复印件。个人凭外省（市）居民身份证，企事业单位凭外省（市）组织机构代码证和介绍信。

⑩机动车来历凭证。

2）转出（转籍）类交易注意事项如下：

①非标准改装的机动车，且没有机动车登记证书的，不得受理。

②对转入地车辆管理部门有特殊要求的，如国六排放标准、禁止退役营运车或使用年限超过五年的不准上牌的外省（市）车，不得受理。

③超过使用年限的，或者有其他约定的，不得受理。

④定期检验期失效的（人民法院调解、裁定或裁决，仲裁机构裁决的除外，但须检验合格后办理），不得受理。

⑤品牌、型号、规格、结构不符合国家颁布的公告、目录的，不得受理。

⑥抵押、查封或司法保全的车辆，在计算机系统和纸质档案中注明"不准过户"的，不得受理。

⑦海关监管，且未解除监管的车辆，不得受理。

（3）机动车退牌需提供的材料　机动车退牌业务应递交下列材料：机动车登记证书、机动车行驶证、机动车注册／转入登记表（副表）、机动车退牌更新申请表、机动车号牌、机动车照片、原机动车所有人身份证明原件和复印件，以及经驻场民警查验确认的车辆识别代码、发动机号码无凿改嫌疑并在拓印骑缝处签章的机动车登记业务流程记录单（装入专用纸袋并密封）；海关监管车辆，应出具《中华人民共和国海关监管车辆解除监管证明书》或车管所出具的联系单；代理人身份证明。

（4）机动车（新车）上牌需提供的材料　机动车（新车）上牌是指在二手车交易市场内为收旧供新的车辆上牌照或为经车辆管理所授权的汽车销售公司出售的新车上牌照，范围是那些厂牌型号经认定获免检资质的新车。应递交材料如下：机动车来历凭证，例如经市公安局车辆管理所档案科备案，可在二手车交易市场上牌的全国统一机动车销售发票；整车出厂合格证；机动车注册／登记申请表；机动车所有人的身份证明（企事业单位凭组织机构代码证和IC卡，个人凭户口簿、身份证等）；车辆购置税纳税证明；由代理人申请注册登记的，须提供代理人的身份证明原件和复印件；经驻场警官查验确认的车辆识别代号（发动机号、车架号）与其拓印相一致，并已在机动车登记业务流程记录单拓印骑缝处盖章生效；交强险凭证。

（5）机动车（二手车）上牌需提供的材料　机动车（二手车）上牌是指在二手车交易市场内，为被经营公司退牌停搁的二手车，落实客户后需上牌的车辆上牌照。需递交材料如下：二手车经营公司开具的销售发票；机动车注册／

登记申请表；现机动车所有人的身份证明（企事业单位凭组织机构代码证和IC卡，个人凭户口簿、身份证等）；经驻场警官查验确认的车辆识别代号（发动机号、车架号）无凿改嫌疑，并与其拓印相一致，在机动车登记业务流程记录单的拓印骑缝处盖章生效（并装袋密封）；经驻场警官签章的机动车退牌更新申请表；车辆购置税确认单。

3. 二手车交易与评估咨询

（1）业务洽谈　业务洽谈是二手车评估的第一项工作，是一项重要的日常工作，也是企业生存的基础。业务洽谈工作的好坏直接影响二手车评估机构的形象和信誉，因此，鉴定评估人员应该重视并做好业务洽谈工作。

与客户进行业务洽谈的主要内容有车主基本情况、车辆情况、委托评估的意向、时间要求等。通过业务洽谈，应该初步了解下述情况。

1）车主单位（或个人）的基本情况。车主即机动车所有人，指车辆所有权的单位或个人。了解车主单位（或个人）的基本情况是顺利进行业务洽谈的前提条件。了解车主单位（或个人）的基本情况必须首先了解洽谈的客户是车主还是委托代理人，以确定其是否有权处理车辆；其次要了解车主的个性特征，以便进行有效沟通。

2）评估目的。评估目的是评估所服务的经济行为的具体类型，根据评估目的，选择计算标准和评估方法。一般来说，委托二手车交易市场评估的大多数是属于交易类业务，车主要求鉴定评估的目的大都是作为买卖双方成交的参考底价。但是，也有一些评估并不是为了交易，如为了清算、抵押等。

3）评估对象及其基本情况。评估对象及其基本情况包括：

①评估车辆类别。明确评估二手车是属于汽车、拖拉机，还是摩托车。

②车辆基本信息。包括机动车的名称、型号、生产厂家、燃料种类、出厂日期、初次注册登记的日期、已使用年限、行驶里程、机动车来历、车辆牌证发放地、机动车的使用性质，各种证件税费证明是否齐全，是否已经年检和上保险等。

③事故情况。了解评估车辆有无发生过事故，以及事故的位置、更换的主要部件和总成情况。

④现时技术状况。了解发动机异响、排烟、动力、行驶等情况，了解车辆有无大修、大修次数等。

⑤选装件情况。了解车辆是否加装音响、真皮坐椅、桃木内饰等选装件，

以及与基本配置的差异等。

只有在摸清上述基本情况后,才能做出是否接受委托的决定。如果不能接受委托,应该说明原因;如果客户有不清楚的地方,应该提供咨询,耐心给予解答和指导;如果接受委托,应当认真签订二手车评估委托书,着手进行二手车评估。

(2)洽谈礼仪

1)语言礼仪。语言是人类进行信息交流的符号系统。狭义的语言指由文字的形、音、义构成的人工符号系统。广义的语言包括一切起沟通作用的信息载体,包括说话、写字、距离、手势、眼神、体态、表情等。谈判的语言能充分反映一个人的能力、修养和素质。注意语言礼仪不仅在于语言本身,而且与人的态度密切相关,只有把客户放到重要的位置上,并用心聆听,语言沟通才能达成预期的目的。

2)服装礼仪。鉴定评估人员在接待与拜访客户时,应当做到形象得体、举止适度、尊重客户,使双方关系在洽谈开始时就有良好开端。为了做到形象得体,鉴定评估人员必须注意衣着、装饰、化妆、整洁等方面的问题。

3)电话交流礼仪。电话可以将必要的信息准确、迅速地传给对方。真诚、愉快的电话交谈可促进与客户的关系,电话交流的质量是赢得客户的重要保证。

电话交流应当注意以下要点:

①电话交谈时,应端正姿势,不要吃东西或嚼口香糖,不能敷衍客户。

②准备记事本和笔放在电话机旁,以便及时记下通话要点。

③问候客户,使用礼貌词语,并注意用简短语言说明问题。

④对来电问询不能回答时,不要简单地将电话转来转去,一开始就要确定将电话直接转给谁。

⑤通电话时,要注意语速,比当面谈话说得慢些、清楚些。

⑥请教客户姓名,通话时尽可能多地称呼对方。

⑦通话时不要与身旁的人谈不相干的事。

接电话和打电话的程序可以参照表 2-4 和表 2-5。

表 2-4 接电话程序表

步　　骤	要　　点	常用接听电话语言
1. 拿起电话机,以端正的姿势和语态接听	准备好记事本和笔;电话响铃时拿起听筒	对你正在接待的客户说:对不起,我先接个电话

（续）

步　骤	要　点	常用接听电话语言
2.问候，自我介绍	先报公司名称，然后报自己的姓名；告诉对方可以为他提供帮助	您好。这是××公司，我是××。能为你做点什么吗？对不起，让您久等了。我是××，是前几天为您服务的××，能为您做什么吗
3.辨认对方	如对方未报姓名，主动询问	对不起，请问您是哪位
4.仔细听对方讲话	务必要做笔记；不时插入"是的"或"我明白"，表示你在倾听	很乐意为您的车子做鉴定评估。请说车型、年款、初次登记日期……对，请接着说
5.重复对方的讲话	总结笔记中的重点，确认已记下所有重要信息	××先生（小姐），我确认一下。我们定在××时候……您的电话是××，对吧
6.再次告诉客户你的姓名	再次提及你的姓名，可以加深客户印象，认为这个人会关心他	谢谢您的预约。请记住我叫××。请您来到时找我
7.挂断电话之前向对方致谢	不要在对方挂断电话之前先挂电话	谢谢您的来电

表2-5　打电话程序表

步　骤	要　点	常用拨打电话语言
1.打电话之前的准备工作——主题、客户、姓名、电话号码	拟订通话提纲，准备必需的文件，通话时要保持良好的姿势	您好，我是××，是这次负责您的车的鉴定评估人员
2.拨号。如有人回答，要向他（她）问好并作自我介绍	确认没有拨错电话	您好，我叫××，是××公司的鉴定评估人员。请问××先生（小姐）在吗
3.辨认答话的人	感谢客户惠顾	谢谢您今早惠顾本公司
4.询问客户能否抽空接听电话		我打电话是要告诉您……我可以耽误您几分钟解释一下吗
5.说要说的事		我们没有发现您的汽车保险单，请提供给我们
6.确认客户已明白你的解释	简明扼要	我希望您能理解进行车辆路试检查的必要性，您同意对您的车进行路试吗
7.重述要点	归纳协议要点	该车的估价为××，交易时间定为××
8.再次提及你的姓名并感谢客户	再次提及你的姓名以明确你的职责	您来时请找我。我叫××，是××公司的鉴定评估人员。谢谢您，×先生（小姐）
9.挂断电话	不要在客户挂断电话之前挂断电话	

三、工作计划与决策

将全班同学分组,四人一组,分别扮演客户和工作人员,模拟二手车交易过程,查验车辆的相关手续是否齐全,告知客户查验结果,并填写练习册中的表 2-6。

四、任务实施

在教师的指导下完成工作计划:

1)完成表 2-6 中的内容。

2)各组学生互相监督完成二手车交易手续检查。

3)各组学生完成二手车交易业务洽谈工作。

五、评价反思

请扫下方二维码进行评价。

六、巩固与练习

具体内容见练习册第 3 页。

任务三 二手车使用背景检查

学习情境

客户李先生准备购置一辆二手车，要求评估师小王对拟购车辆的使用状况进行检查，以确保双方权益。

任务分析

同一款车由于使用人、使用方法、使用环境等原因，对车辆的价值会产生重大影响，因此，评估人在对车辆评估之前要通过查验、观察、询问等方式了解使用状况，才能对车辆做出有效的评估。

学习目标

知识目标

1）会描述VIN码的代表含义。
2）会描述汽车的各种技术性能指标。

技能目标

1）能够识别汽车VIN码和各种标牌标签。
2）能够对车辆的使用情况进行调查，并填写车辆使用状况调查表。

素养目标

1）通过工作任务的实施，培养学生的观察能力和沟通能力。
2）通过二手车使用背景的检查，培养学生具备诚实守信和实事求是的精神。

学习任务

对二手车的使用状况进行查验。

一、学习准备

车辆准备：实训车辆。

资料准备：学习资源、学习活动过程评价表、综合评价表、二手车移动教学平台、车辆使用状况调查表。

学生准备：学生分组。

二、信息收集

随着汽车行业的发展，二手车的市场也越来越大。由于二手车价格的巨大吸引力，想买二手车的消费者也越来越多，但是怎样才能买到称心如意的二手车一直以来都困扰着很多二手车消费者。一般普通的家庭用车来历背景比较简单，只需要通过原车主提供行驶证、登记证、车辆历史交通责任强制保险单以及车主的身份证复印件就基本可以查询和确认了。但在二手车市场当中，除了一般普通家庭用车以外还混杂着一些通过其他渠道进来的车源，如一些低价售卖的司法拍卖车、抵押车等。况且二手车一车一况，因此在这些情境下判断二手车的历史背景就会变得更加复杂，稍有不慎就会受骗上当。

作为二手车评估师，在检查二手车使用背景的过程中，除了具备专业的二手车鉴定评估知识以外，还要耐心细致地记录车辆历史背景和使用情况，同时本着诚信为上的原则为客户分析二手车的背景，在保障客户权益的基础上进行鉴定评估，创造一个良好的二手车市场买卖环境。

1. 汽车的识别

（1）什么是 VIN 码　VIN（Vehicle Identification Number）的中文名叫车辆识别代码，是制造厂为了识别而给一辆车指定的一组字码，在行业内习称为 VIN 码。VIN 码是由 17 位字母、数字组成的编码，又称 17 位识别代码，如图 3-1 所示。

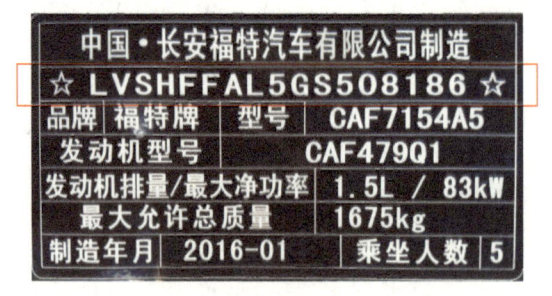

图 3-1　车辆识别代码（VIN 码）

车辆识别代码经过排列组合，可以使同一类型的车在30年之内不会发生重号现象，具有对车辆的唯一识别性，因此也可以将它称为"汽车身份证"。我们可以通过VIN码看出车辆的国别、生产时间、型号等信息。

车辆VIN码大多在非常明显的位置（图3-2），如前风窗玻璃左下角（驾驶员侧）、右侧防火板上，在这些地方我们很容易发现车辆的VIN码。也有一些车型比较特殊，VIN码在别的地方，如标致307的VIN码除风窗玻璃下外，在车辆铭牌和右前减振器上部的车身上也能找到，而有的车型VIN码则在行李舱内，或其他一些地方。

图 3-2　车辆 VIN 码常见位置

（2）VIN码解读　车辆VIN码由三部分构成，即世界制造厂代码（WMI）、车辆说明部分（VDS）、车辆指示部分（VIS）。如图3-3所示，第1~3位是世界制造厂代码（WMI），表示制造厂、品牌和类型，用来标识车辆制造厂的唯

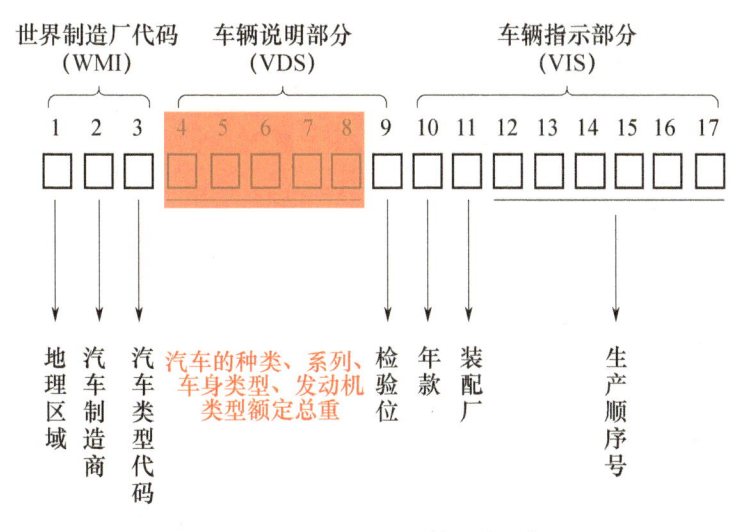

图 3-3　VIN 码编码规则

一性；第 4~9 位是车辆说明部分（VDS），说明车辆的一般特性，制造厂不用其中的一位或几位字符，就在该位置填入选定的字母或数字占位，其代号顺序由制造厂确定；第 10~17 位是车辆指示部分（VIS），是制造厂为了区别不同车辆而指定的一级字符，其最后 4 位应是数字。

作为二手车鉴定评估师，首要掌握的是第 1 位和第 10 位代码代表的含义。

第 1 位是生产国代码。二手车市场常见的例子有：L 为中国、1 为美国、2 为加拿大、3 为墨西哥、4 为美国（非本土）、6 为澳大利亚、9 为巴西、J 为日本、S 为英国、K 为韩国、T 为瑞士、V 为法国、W 为德国、Y 为瑞典、Z 为意大利等。

通过查验 VIN 码的第 1 位代码可以快速识别被评估车辆是否为进口车，例如查验一辆宝马二手车，从外观来看区别不明显时，可通过 VIN 码第 1 位是 W（德国制造）还是 L（中国制造）来辨别。

第 10 位表示年款，年款代码分别由相应的英文字母和阿拉伯数字表示。要掌握车辆的年款编排规律需要明确以下三点：

1）全世界所有车辆均遵循 30 年一轮回的年款编排规则，如表 3-1 所示。2001 年的年款代号是 1，30 年后的 2031 年的年款代号同样为 1。

表 3-1　VIN 码年款编排规则

年份	代码	年份	代码	年份	代码
2001	1	2012	C	2023	P
2002	2	2013	D	2024	R
2003	3	2014	E	2025	S
2004	4	2015	F	2026	T
2005	5	2016	G	2027	V
2006	6	2017	H	2028	W
2007	7	2018	J	2029	X
2008	8	2019	K	2030	Y
2009	9	2020	L	2031	1
2010	A	2021	M	2032	2
2011	B	2022	N	2033	3

2）年款代号中依次使用了 1~9 这 9 个阿拉伯数字作为代号，0 不是年款代号，即 0 不可能出现在 VIN 码第 10 位，如果 0 出现在 VIN 码第 10 位则证明该车 VIN 码为伪造（需要注意的是 0 可以出现在 VIN 码其他位置）。

3）共有21个英文字母依次出现代表不同的年款，如A代表2010年，B代表2011年，依次类推，共有26个英文字母，由于字母I和数字1容易混淆，字母O、Q和数字0容易混淆，字母U与字母V容易混淆，字母Z和数字2容易混淆，所以字母I、O、Q、U、Z不作为年款代号。

（3）识别VIN码

1）常规识别。无论是挑选二手车还是新车，VIN码对鉴定都起着参考作用，尤其是首位编码和第10位编码，它们可以直接反映车辆的产地和生产时间。有了这些基础知识，消费者在挑选车辆时，可以直接看出车辆的具体信息。尤其对于一些二手车而言，VIN码反映的车辆信息更有参考意义。例如，评估一辆2017年8月上牌的汽车，而VIN码第10位为G，代表这辆车是2016年出厂的，说明该车可能是库存车。

2）智能识别。识别VIN码对二手车鉴定评估更大的意义在于对被评估车辆进行准确定型，即确定车辆属于哪一批次第几代产品、出厂时的基本配置有哪些，准确查询该车整车信息及配件信息。尤其是对于合法改装或加装后的二手车，通过VIN查询能准确确定车辆原始状态，价格评估更加公允。随着人工智能的不断发展，目前越来越多的二手车鉴定评估师通过各种智能App或者网站进行VIN码查询。常用的App有车鉴定、车300、查博士、汽车简历等，常用的网站有宜配网、中国汽车网等。

下面以二手车数字化鉴定评估智能终端为例，通过扫描车辆VIN码进行智能识别，评估师只要进行信息核对即可。

第一步：登录二手车数字化智能终端。

下载二手车数字化智能终端软件（见图3-4），安装在PAD或智能手机上。通过老师分配账号和密码进行一键登录。

图3-4 二手车数字化智能终端软件

第二步：扫描实车 VIN 码。

选择被评估车铭牌或车身上 VIN 码（图 3-5），在光照充足的地方，单击智能终端"扫码识别"虚拟按键，出现 VIN 码识别框，将 PAD 摄像机对准车辆 VIN 码，智能终端几乎瞬时识别被评估车辆基础信息。

图 3-5　示例 VIN 码

如图 3-6 所示，当扫码示例 VIN 码时，智能终端识别出该车是"速腾 2011 款 1.4TSI DCT 技术版"汽车，出厂价格为"16.28 万元"，车辆类型为"紧凑型车"。当然扫描车辆 VIN 码远不止查到这些信息，但从二手车鉴定评估实际出发，显示最关键的信息能提高评估效率。

图 3-6　通过智能终端识别车辆 VIN 码

（4）汽车标牌、标签和识别号　汽车标牌、标签或识别号是用标牌、标签和识别号形式，安置、粘贴、打印在汽车相关部位，对汽车出厂时间、汽车基本性能和相关信息的文字或字母的记录。其作用是方便使用者和相关工作人员掌握车辆的各类相关信息。在一辆汽车中，可以看到各种不同的标牌、标签和识别号。下面仅举几例：

如图 3-7 所示为上汽荣威全车数据不

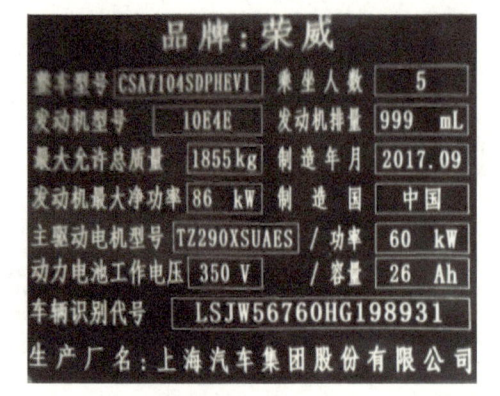

图 3-7　上汽荣威全车数据不干胶标签

干胶标签，贴在保养手册中及行李舱备胎坑等位置，其中包含车辆识别代号、整车型号、发动机功率/排量、发动机和驱动电机型号、动力电池参数等信息。

如图 3-8 所示为变速器铭牌，主要在变速器外金属壳底体外部。其中包含生产单位代号、变速器型号及技术参数等信息。

如图 3-9 所示为轮胎信息标牌，其中包括额定乘员总数、车辆额定载重量、轮胎气压（前、后和备用轮胎）以及轮胎尺寸规格等信息。

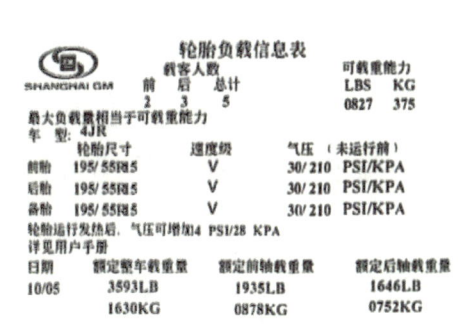

图 3-8　变速器铭牌　　　　图 3-9　轮胎信息标牌

2. 汽车技术参数和性能指标

汽车的技术参数主要包括尺寸参数和质量参数。汽车的性能指标主要包括汽车的动力性、燃油经济性、制动性、操纵稳定性、行驶平顺性、通过性和汽车的噪声与排放等基本指标。

（1）汽车主要尺寸参数

1）外廓尺寸。汽车的外廓尺寸是指汽车的长、宽、高。汽车的外廓尺寸根据汽车的用途、道路条件、吨位（或载客数）、外形设计、公路限制和结构布置等众多因素确定。在汽车总体设计中，一般力求减少汽车的外廓尺寸，以达到减轻汽车的自重，提高汽车的动力性、经济性和机动性。

为了使汽车的外廓尺寸适合本国的公路桥梁、涵洞和铁路运输标准，保证行驶的安全性，每个国家对公路运输车辆的外廓尺寸均有法规限制。我国对公路车辆的极限尺寸规定是：①汽车总高≤4m；②总宽（不含后视镜）≤2.5m；③总长：货车（含越野车）≤12m，一般客车≤12m，铰接大客车≤18m，半挂牵引车（含挂车）≤16m，汽车拖挂后总长≤20m。

2）轴距。轴距（L）是汽车轴与轴之间距离的参数，通过汽车前后车轮中心来测量。轴距的长短直接影响汽车的长度、重量和使用性能，还对轴荷分配、传动轴夹角有影响。轴距短汽车长度相对就短，自重相对就轻，最小转弯直径和纵向通过角就小。但轴距过短，也会带来由于车厢长度不足或后悬过长，使汽车行驶时纵摆和横摆较大，以及在制动或上坡时重量转移较大，使汽车的操纵性和稳定性变坏等问题。

3）轮距。轮距（B）是同一轴上车轮接地点中心之间的距离。如果是双胎汽车，则是指两双胎接地点连线中点之间的距离。轮距对汽车的总宽、总重、横向稳定性和机动性影响较大。改变汽车轮距会影响车厢或驾驶室内宽、汽车总宽、总质量、侧倾刚度、最小转弯直径等一系列指标发生变化。轮距愈大，横向稳定性愈好，对增加轿车车厢内宽也有利。但轮距过宽，汽车的总宽和总重会相应加大，容易产生向车身侧面甩泥的缺点，还会影响汽车的安全性。因此，轮距应与车身宽度相适应。

4）前悬和后悬。前悬（L_F）是指汽车最前端至前轴中心之间的水平距离。前悬尺寸对汽车通过性、碰撞安全性、驾驶员视野、前钢板弹簧长度、上下车方便性、汽车造型等均有影响。前悬的长度应足以固定和安装驾驶室前支点、发动机、散热器、转向机、弹簧前托架和保险杠等零件和部件。前悬过长会使汽车的接近角过小。

后悬（L_R）是指汽车最后端至后桥中心之间的水平距离，后悬尺寸对汽车通过性、汽车追尾时的安全性、货箱长度或行李舱长度、汽车造型等均有影响。后悬的长度主要决定于货箱长度、轴距和轴荷分配情况，同时要保证适当的离去角。

5）转弯半径。汽车转弯半径（R）是指汽车转弯时，由转向中心到外侧转向轮与地面支撑平面中心点的距离。转弯半径越小，汽车的机动性能越好，汽车转弯时所需要的场地面积也越小。一般来讲，汽车转向轮左、右的极限转角不相等，所以汽车向左或向右的最小转弯半径不相等。

（2）汽车主要质量参数

1）汽车的整备质量。汽车的整备质量是指汽车按出厂技术条件装备完整（如备胎、工具等安装齐备），各种油液添满后的质量。

2）汽车总质量。汽车总质量是指汽车装备齐全，并按规定装满客（包括驾驶员）、货时的质量。

轿车的总质量 = 整备质量 + 驾驶员及乘员质量 + 行李质量。

客车的总质量 = 整备质量 + 驾驶员及乘员质量 + 行李质量 + 附件质量。

货车的总质量 = 整备质量 + 驾驶员及助手质量 + 行李质量。

3）汽车的载质量（载客量）。汽车的载质量，是汽车的总质量与汽车整备质量之差。它表示汽车可能载人、载物的总质量，也就是汽车的有效装载能力。汽车的载质量关系到汽车的运输效率、运输成本、使用方便性、产品系列化和生产装备等诸多方面。

4）汽车质量利用系数。汽车质量利用系数对载货车是一个重要的评价指标。它是指汽车载质量与汽车干重之比。所谓汽车干重就是指汽车无冷却液、燃油、机油、备胎及工具和附件时的空车质量。载质量相同的情况下，干重越小，汽车的质量利用系数越高，其运输效率也越高。

5）汽车的轴荷分配。汽车的轴荷分配是指汽车的质量在前轴、后轴上所占的比例。一般依据轮胎均匀磨损、汽车主要性能的需要，以及汽车的布置型式来确定轴荷分配。为了使轮胎均匀磨损，一般希望满载时每个轮胎的负荷大致相等，事实上只能近似满足要求。

（3）汽车性能参数

1）汽车的动力性。汽车动力性主要由三个指标来衡量，即最高车速、爬坡能力、加速性能等。最高车速是指车辆满载时，在良好的水平路面上所能达到的最高行驶速度。爬坡能力是指车辆在满载无拖挂，并在良好路面条件下，车辆节气门全开，以最低档前进所能爬行的最大坡度。汽车的加速性能是指汽车速度在单位时间内的增加能力，包括两个指标：一是汽车由静止状态加速到一定速度的能力；二是汽车在一定档位由匀速状态加速至最快速度的能力。汽车生产厂商通常会提供 0—100km/h 的加速时间测试数据作为汽车加速性能的权威数据。

2）汽车的燃料经济性。汽车的燃料经济性是指在保证动力性的条件下，汽车以尽量少的燃油消耗量经济行驶的能力。汽车的燃油消耗量越小，则它的燃油经济性越好。汽车燃料经济性的评价指标一般可以从单位行驶里程的燃油消耗量、单位运输工作量的燃油消耗量和消耗单位燃油所行驶的里程三个方面加以考察。耗油是汽车经济性的重要指标，厂家公布的耗油量参数是指汽车行驶 100km 消耗的燃油量（以 L 为计量单位）。在我国这些指标是汽车制造厂根据国家规定的试验标准，通过样车测试得出来的，它包括等速百公里油耗和循环油耗，并不是消费者在使用情况下的实际油耗。

为了使消费者更加便利地了解所购车型的实际油耗，工信部规定从 2010 年 1 月 1 日起，汽车企业必须在车辆出厂前即在车身上粘贴燃料消耗量标识（见

图 3-10），说明国产车和进口车在市区、市郊、综合三种工况下的实际油耗数据，消费者对所购买车辆的油耗情况将一目了然。在购车后，消费者可自行撕下该标识。目前的新能源汽车上粘贴的能源消耗量标识中还会有电能消耗量的数据。

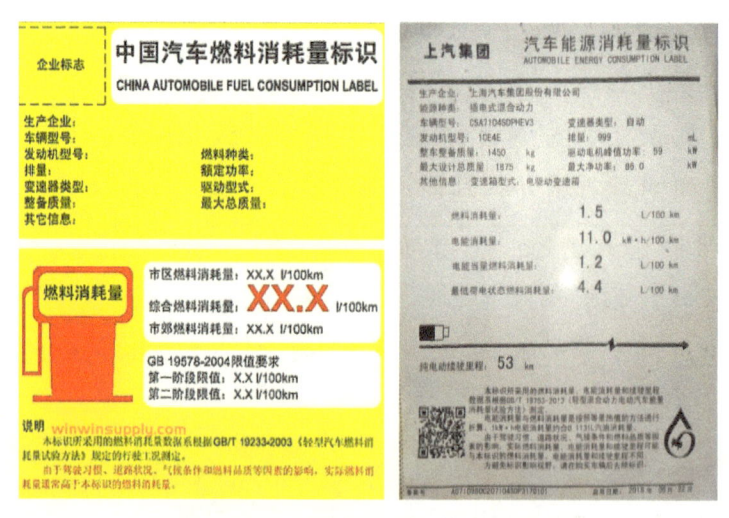

图 3-10　汽车燃料消耗量标识

3）汽车的制动性。汽车制动是人为地增加汽车行驶阻力，消耗汽车本身的动能，强制性地降低汽车速度实现停车。汽车的制动性能不仅是指汽车强制减速至停车的能力，而且是指制动时不跑偏的能力。只有汽车具有良好的制动性能，才能在保证安全的条件下提高汽车速度，充分发挥汽车的动力性能，提高汽车平均技术速度，获得较高的运输生产率。

4）汽车的操纵稳定性。汽车的操纵稳定性是指驾驶者在常态情况下，汽车抵抗各种外界干扰，并保持稳定行驶的能力。汽车的操纵稳定性包括操纵性和稳定性两部分。操纵性是指汽车能够确切响应驾驶员转向指令的能力；稳定性是指汽车在行驶中能抵抗外界干扰并保持稳定行驶的能力。

5）汽车的行驶平顺性。汽车行驶平顺性是指汽车以正常行驶时能保证乘坐者不致因车身振动而引起不舒适和疲乏感觉以及保持运载物完整无损的性能。汽车行驶平顺性不仅影响驾驶员及乘员的疲劳强度、舒适性以及货物安全可靠的运输，而且还影响到汽车的使用性能。

6）汽车的通过性。汽车的通过性也称汽车的越野性，是指汽车在一定装载质量下能以足够高的平均车速通过各种复杂路面、无路地带和各种障碍的能力。

7）汽车的噪声与排放。汽车噪声干扰环境并影响人们的身心健康，相关国标对此有严格规定：客车的车内噪声级应不大于82dB（A），汽车驾驶员耳旁噪声级应不大于90dB（A）。

燃油不完全燃烧和燃烧反应中会产生一定量的有害气体。汽油机的主要排放物为一氧化碳（CO）、碳氢化合物（HC）、氮氧化合物（NO_x）、铅化合物（燃用含铅汽油）；柴油机则以碳烟、油雾、二氧化硫（SO_2）、臭气（甲醛、丙烯醛）为主。这些排放物大部分具有毒性，或有强烈的刺激性臭味，有时还有致癌作用，既污染环境，又有害于人类健康。为此相关国标同时提出"为了加强对机动车排气污染物的排放控制，应使用所引用机动车排放标准的最新版本"，以控制汽车有害物质的排放。

三、工作计划与决策

将全班同学分组，四人一组，分别扮演客户和工作人员，填写车辆使用状况调查表，与客户沟通，告知客户对车辆使用状况进行调查的内容和方法，完成对车辆和使用状况的查验，并填写练习册中的表3-2。

四、任务实施

在教师的指导下完成工作计划：

1）完成表3-2中的内容。

2）各组学生互相监督完成VIN码识别工作。

3）各组学生完成车辆使用状况检查。

五、评价反思

请扫下方二维码进行评价。

六、巩固与练习

具体内容见练习册第6页。

任务四 车辆静态检查

📝 学习情境

某日,评估师小王在与客户沟通过程中,完成车辆的手续检查后,开始对评估的车辆进行静态检查。

📝 任务分析

车辆的静态检查是对车辆的整体状况进行较为全面的性能检测。在车辆的鉴定评估过程中,仅仅只是检查相关手续和使用背景是不够的,还需要对车辆本身进行进一步的检查。同样的一款车在不同的使用条件下车况也会有很大的不同,通过对车辆进行静态和动态的检查,进而发现存在的问题和隐患,确认车辆性能状态,为下一步进行车辆价值估算奠定基础。

📝 学习目标

知识目标

1)会描述车辆外观检测的内容。
2)会描述驾驶舱检查的主要内容。
3)会描述发动机舱检查的主要内容。
4)能说出底盘检查的内容与常见损害原因。

技能目标

1)能与客户确认车辆静态检查的内容流程,进行车证相符检查。
2)会对车辆外观进行检查。
3)会对车辆的驾驶舱进行检查。
4)会对发动机舱进行检查(检查重要总成的使用维修状况)。
5)会对底盘、轮胎、车架、悬架等进行检查(排查重大事故及车损情况)。

素养目标

1）通过任务的达成培养学生的诚信意识与沟通能力。
2）培养学员遵纪守法的工作态度，增强安全意识和团队合作精神。

学习任务

对车辆进行静态检查。

一、学习准备

车辆准备：实训车辆。

器材准备：举升机、塞尺、漆面检测仪、液面检测仪、测距仪、强光手电、照相机、电脑检测仪。

资料准备：学习资源、学习活动过程评价表、综合评价表、二手车静态检查表单。

学生准备：学生分组。

二、信息收集

随着二手车行业的发展，买二手车的人也越来越多，而二手车技术状况的好坏也直接关系到日后的安全行驶和修理花费。出于防止风险和损失，在挑选二手车时，一定要认真、仔细地检测车辆使用状况。二手车的静态检测主要是通过仔细检查查看，对所发觉的问题要逐一做好记录，以便为砍价提供充分的依据。检查查看的内容主要包括车辆外观检查、驾驶舱检查、发动机舱检查、底盘检查等。

作为二手车评估师，在二手车的鉴定评估过程中一定要坚守诚信原则。由于二手车交易性质的特殊性以及二手车在使用过程中的各种不确定性，导致买卖双方的信息具有不确定性，作为买方一般不具有汽车方面的专业知识，而卖家绝大多数情况下也不会自曝其短，这就要求鉴定评估人员站在中立的立场，科学精准地对车辆进行评估，并以最大的诚信向买方披露车辆的相关信息。

1. 进行车辆外观检查

车辆外观检查主要包括车辆整体状态检查、漆面检查和车身结构件检查三个部分。

(1)车辆整体状态检查　车辆整体状态检查如图4-1所示。

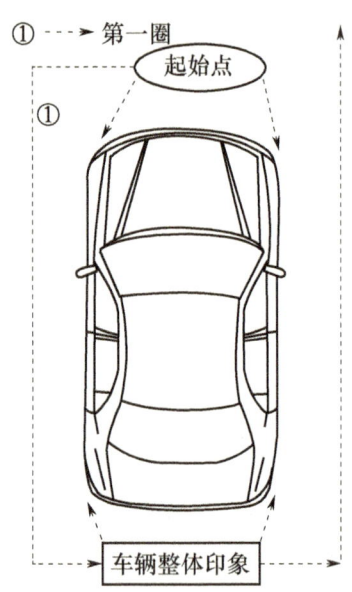

1)检查重点。

①车体的倾斜姿势及棱线、车身高低。

②牌照是否弯曲变形，铭牌信息是否正确。

③灯光检查的要点有左右的脏污（新旧）程度是否不同，缝隙是否一致，有无破裂。

④各钣金的色调与钣金间的缝隙是否一致（含发动机舱盖、保险杆及散热器护罩等）。

⑤轮圈是否有伤痕。

⑥其他附加外观配件，如扰流板、车顶行李架等。

⑦是否有全车改色或涂装的迹象。

图4-1　车辆整体状态检查

2)检查方法。

①正前方检查。主要针对各钣金部品外观，如有无破损、凹陷、裂痕、擦伤、刮伤、掉漆、漆面不良及缝隙间隙是否一致等。流程大致为：①前保险杠→②前灯组总成→③散热器护罩→④发动机舱盖。检查流程如图4-2所示。

检查车辆覆盖件间隙严格意义上需要对比原厂间隙标准，如图4-3所示。但在实际操作中，评估师一般只需要检查车辆间隙是否均匀，左右间隙是否对称。如发现两块覆盖件之间间隙不均匀，则要考虑是否有更换、钣金修复等情况，需要进一步结合漆面检查来核验。

图4-2　车头部分检查流程示意图

图4-3　车头部分间隙检查

②左侧车身部分。首先查看车辆腰线是否平整，然后按照以下流程逐一

检测：①左前翼子板→②左前后视镜→③前风窗玻璃左侧→④车顶左前侧→⑤左前门玻璃→⑥左前门→⑦左前门框→⑧左后门框→⑨左后门→⑩左后门玻璃→⑪车顶左后侧→⑫后风窗玻璃左侧→⑬左后翼子板。检查流程如图4-4所示。

在检查左侧车身时，要注意车门与翼子板之间的间隙，如图4-5所示三处。其检测方法一是"远看"，距离车身1~2m，依次观看前后车门的左右间隙是否对称，若发现一边间隙大一边间隙小的情况得先做好标记；检测方法二是"近摸"，用手指从上至下扫过车门与左前翼子板之间的间隙，感受车门和翼子板是否在同一平面，感受间隙上下是否均匀。实际操作中，由于车辆未清洗或光源较差等原因，使用手触摸来感受间隙大小会更准确。当然，最好的办法是用仪器测量间隙大小，比如游标卡尺。但由于检测间隙的目的不是获得准确的间隙大小数据，而是进一步判断该车是否存在更换翼子板、车门等修复情况，所以为了规范检查流程，防止漏检跳检，在整体检查时只要记录间隙情况，待车身检查时再探究原因。

图4-4　左侧车身检查流程示意图

图4-5　左侧车身间隙检查

③车辆后部检查。检测行李舱盖与左右后翼子板间隙是否均匀、有无锈蚀等现象，左右后尾灯是否新旧一致，后保险杠是否有剐蹭等痕迹。车尾部检查流程是：①后行李舱盖→②后灯总成→③后尾板→④后保险杠。检查流程如图4-6所示。

④右侧车身检查。检查方法与左侧车身一致，同样要检查有无明显伤痕、间隙等内容，其检测流程为：①右后翼子板→②后风窗玻璃右侧→③车顶右后侧→④右后门玻璃→⑤右后门→⑥右后门框→⑦右

前门框→⑧右前门→⑨右前门玻璃→⑩车顶右前侧→⑪前风窗玻璃右侧→⑫右前后视镜→⑬右前翼子板。检查流程如图4-7所示。

图4-6 车后部及间隙检查

图4-7 右侧车身检查流程

3）整体检查注意事项。

①检查车辆的第一步始终是检查车辆铭牌、车架号（VIN）等关键信息，应有意识地核对车辆所有人信息，核对车辆铭牌、机动车登记证书、行驶证上的关键信息（如VIN码是否一致）。在实际工作中这一招能避免很多纠纷，避开交易陷阱。

②牢记"无对称不看车"，汽车是对称设计的工艺品，初学者对漆面色差、间隙、大灯新旧等把握不准时，不妨左右对比仔细辨认。

③当车辆四个轮胎正常充气时，检查车辆姿态是否平稳，有无倾斜、塌陷等现象；当任何轮胎充气不足时应先检查轮胎，等充气充足时再看车。

④外观周正、姿态良好的车不一定是精品车，但是精品二手车一定外观周正、车身姿态良好。

（2）漆面检查

1）原厂漆喷漆工艺。所有车厂的原车漆喷涂工艺大同小异，只是配套的原厂漆配方（成本）不同（同厂家不同车型也不同），才导致漆面软硬、光泽、丰满度、耐老化等性能的不同。原厂漆到底好在哪里？主要反映在以下五个方面：喷漆工艺、喷漆环境、喷漆方式、喷漆温度、喷漆工序。

大众汽车的车身喷漆工艺流程图如图4-8所示。在主机厂里已经完成了冲压成型和焊接工序的车身，进入喷涂线，需先后经过下列工序：

①碱水池。其作用是除去工件上的油脂和脏污，否则影响油漆的附着力（就是车身跟油漆的结合牢固度），工件出池后经清水喷淋处理。

②除污后进磷酸池。其作用是清除工件表面的浮锈并中和掉表面的残碱液

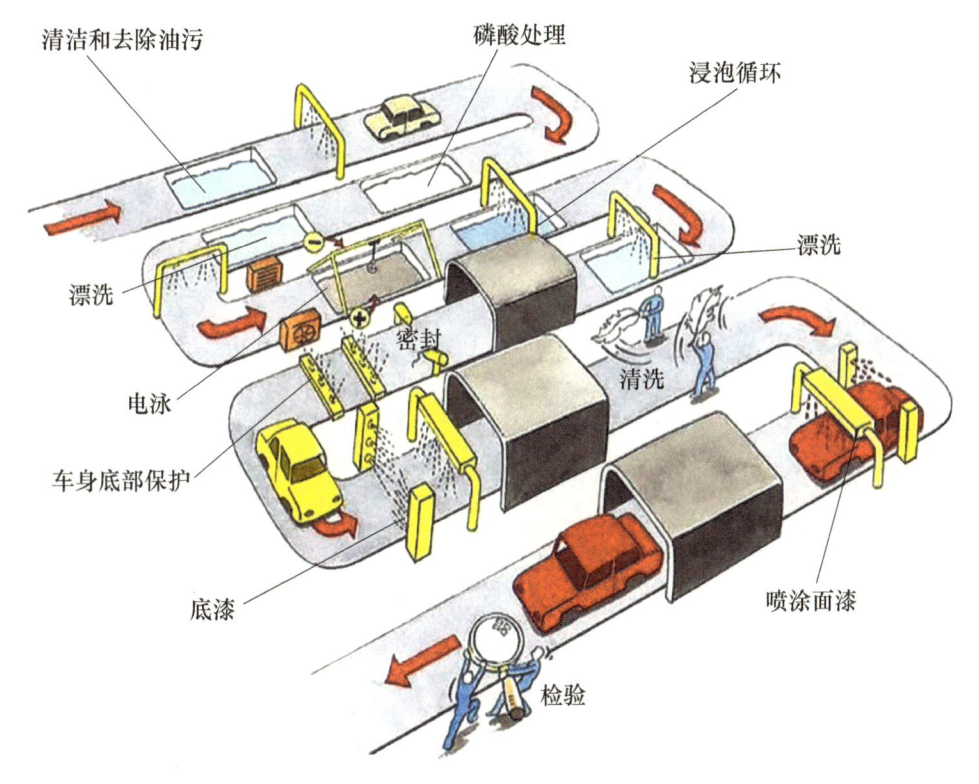

图 4-8 大众汽车的车身喷漆工艺流程图

使之回到中性 pH 值，磷酸是弱酸，短时间内不会对工件产生腐蚀作用。

③漂洗池。中和除锈后再经漂洗池（里面就是清水要定期更换的）漂洗，出来后经清水喷淋处理下一工序。

④电泳漆。这才是第一道防腐涂层。电泳漆的特点是漆膜薄，附着力强，没有死角，里里外外犄角旮旯电泳漆都能附着上去，包括细钢管的内壁也没问题（喷枪肯定做不到）。其大致原理简单来说就是车身整体跟负极相连，电泳漆的分子团带有正电荷，正负相吸的原理，跟电镀差不多。其本身漆膜不厚，但防护能力很强。工件出电泳槽后，经 180℃ 左右的高温烘道烘烤干燥。电泳漆是车身防锈最关键的环节，也是车身抵御氧化的最后防线，所以说车漆是否露底，就是指的电泳漆层的漆膜是否被破坏，一旦破坏，钢板就暴露在空气中了。

⑤车身焊缝密封和底盘防护层的喷涂。底盘工况恶劣，要抵御酸碱盐等各种腐蚀物质的侵袭，还要抵御石头砂砾的冲击，所用涂料属于重防腐类型，大多是环氧树脂一类的厚浆涂料，漆膜厚、黏度高（施工时的黏度），所以底盘涂层不会很平整，侧重的是附着力及防腐性能和耐冲击性能好。

⑥底部喷涂完成后直接进入底漆喷涂。底漆的作用其实就是相当于在电泳

漆表面均匀地喷上了一层腻子，增加漆膜厚度提高耐腐蚀性能的同时，消除电泳漆表面的凹陷凸起等小瑕疵，使工件表面平整度更高，以提高后续面漆的展色效果和总体车漆的外观质量。喷涂后，经170℃高温烘干后，进行人工打磨处理，确保表面的平整度。

原厂的底漆和面漆都是单组分的氨基烤漆，成膜物质（树脂）都需要经170℃高温烘烤才能使活性基团反应交联，达到很好的附着力和硬度，不像修补漆是双组分，丙烯酸跟固化剂混合后在常温下就产生交联反应，2h后就能表面干燥（可以用手摸），24h后就能达到硬度的80%。修补漆的好处是施工要求低（不用高温烘烤），硬度、耐磨强度等各项指标也不错。但是，漆膜的各方面性能是绝对无法跟原厂的高温烤漆相比的。

⑦面漆。这是指车身上带颜色的油漆，包括红、绿、黄、白、橙、黑、蓝以及银粉漆等，俗称色漆，就是在透明清漆里加入5%~8%的各色颜料，大多是高性能的有机类颜料，鲜艳度好，最关键的指标是色牢度要好、耐晒性高。

油漆行业国际通行的一个指标是耐晒指标，色漆喷好样板，拿到美国佛罗里达检测场露天暴晒，5年后颜色色度降低不超过5%（跟室内存放的同批样板对照）的颜料才能用于汽车漆。现在的商家是否这么做就不得而知了。其中白漆用的颜料就是高性能的钛白粉，多为杜邦等国外大公司产品，耐黄变指标很高。日常看见修补过后的白车身上成片泛黄的漆面，就是修补漆使用了劣质钛白粉所致。黑漆用的是高性能的炭黑，银色车漆其实就是在清漆中加入了铝银浆，通过特殊助剂，烤干后铝粉（微小铝片）会成一个方向有规则地排列，所以具有反光效果。目前流行的珠光漆，就是在色漆里加入了部分珠光粉，具有珍珠或者蚌壳内膜的那种效果，此类漆看着是真漂亮，但修补过后色差会很明显，因为珠光粉的差异太大了，同一厂家不同批次的差异都很大。

⑧罩光漆。它也叫清漆、光油。一般而言，铝粉漆（俗称金属漆）的面漆上肯定是有罩光漆的，但普通色漆，面漆配方设计合理、原料用足的话，不罩光也能达到不错的效果。但是再加一层罩光清漆，会带来更好的外观效果，漆膜更厚实，丰满度更好，很多车漆看上去肉肉的感觉，就是罩光漆的效果。现在很多车的色漆外都是没有罩光清漆的，也就是只有一道面漆。

2）非原厂漆特征及常见漆面不良情况。在4S店做漆和非4S店做的漆都是一类的，统称为修补漆，作用相当于色漆层+清漆层。不是所有的车的漆层都是一次性合格的，所以整车厂都有一个 PDI 车间，隶属于涂装科，专门处理那些被检查出漆层有小毛病的车辆，这种车都是已经装配好的车，其实这个 PDI 车间就相当于 4S 店里的补漆车间。PDI 车间里，对漆面的处理根据问题点各有不同的处理方法，小的划痕抛光一下，大的划痕或者颗粒、橘皮、流挂、缩孔得先打磨，根据问题的严重程度控制打磨的深度，打磨完毕后喷防锈漆。防锈漆是代替中涂层或者电泳层，防锈漆上再喷色漆修补漆和清漆，也就是 4S 店的原厂漆，事实上，跟在涂装室里所使用的涂料完全不是一个级别的。涂装室里的涂料是经过 190℃ 的烘烤，色漆修补漆的烘烤温度是 88℃，通过烤灯烘烤，零部件已经装配好了，温度太高会烧坏零件。

在漆面修补作业中，如果采用了正确的操作方法，橘皮和气泡等常见的漆面问题大多数都可以避免。但是由于修补漆作业的工序较多，漆面出现问题的概率较高。分析原因，通常是由于腻子层或底漆层处理不当、喷漆过程缺乏控制、工作环境差，以及油漆成分偏差等。表 4-1 罗列了 28 种比较常见的漆面不良情况，供学习者检查漆面时参考。

表 4-1 常见的漆面不良现象

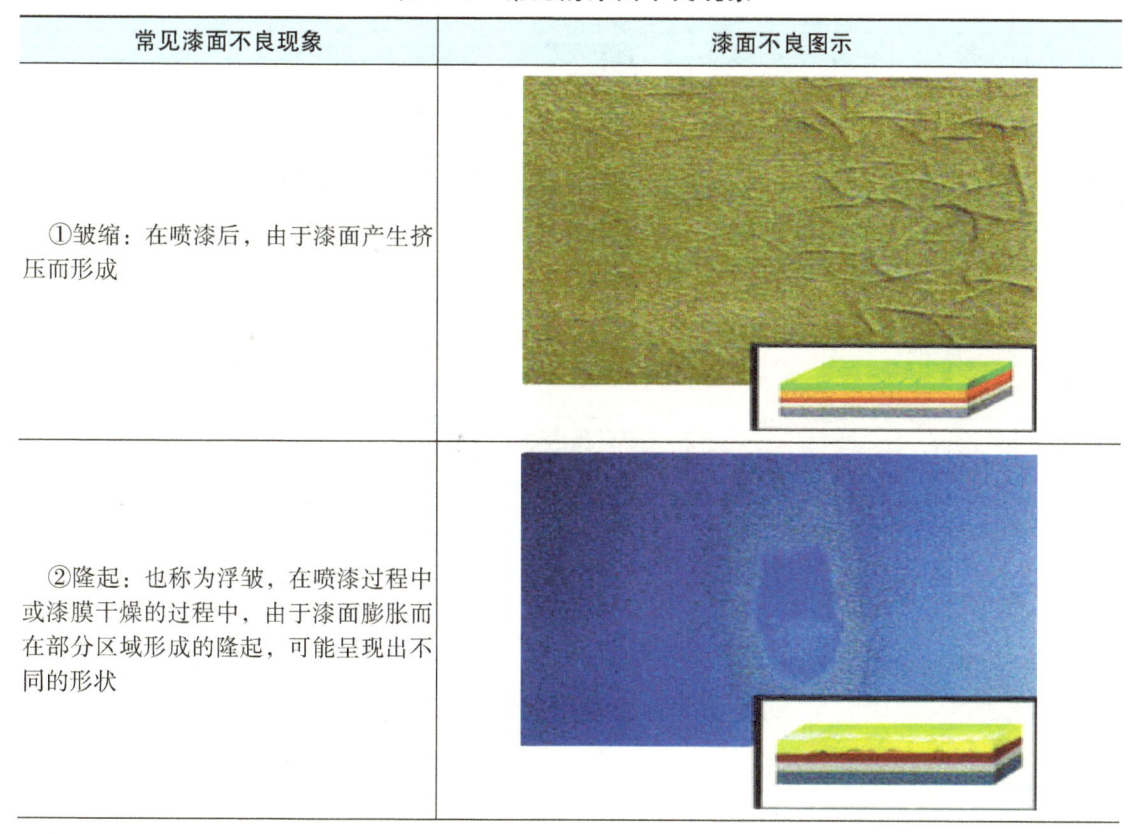

常见漆面不良现象	漆面不良图示
①皱缩：在喷漆后，由于漆面产生挤压而形成	
②隆起：也称为浮皱，在喷漆过程中或漆膜干燥的过程中，由于漆面膨胀而在部分区域形成的隆起，可能呈现出不同的形状	

(续)

常见漆面不良现象	漆面不良图示
③流挂：也称为流泪或垂流，涂层局部变厚，因重力原因出现垂流状态，只出现在将喷涂过的表面垂直放置时或垂直喷涂的表面	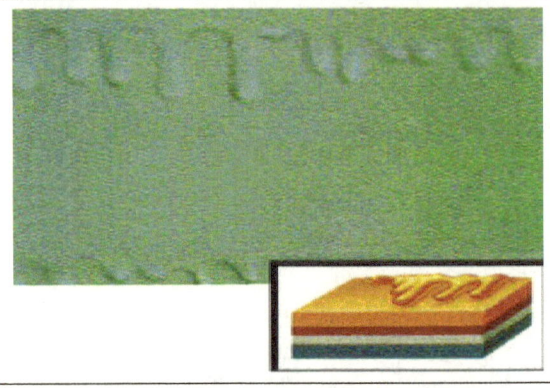
④湿印或涂层下蜡痕：从漆层表面可以看到底层有污染区的轮廓，或出现多种形状的无光斑点	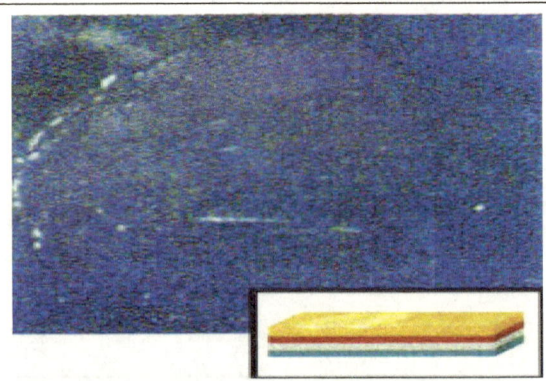
⑤水迹印：漆层表面出现白色或黄色的腐蚀状斑点，多出现在车顶、发动机舱盖或行李舱盖等与阳光垂直的表面上	
⑥走丝：即银粉反光不均匀，银粉颗粒沿同一方向排列，呈现明暗相间的条纹。如果在垂直表面上出现走丝现象，多数情况下，沉积的银粉会刺破漆膜	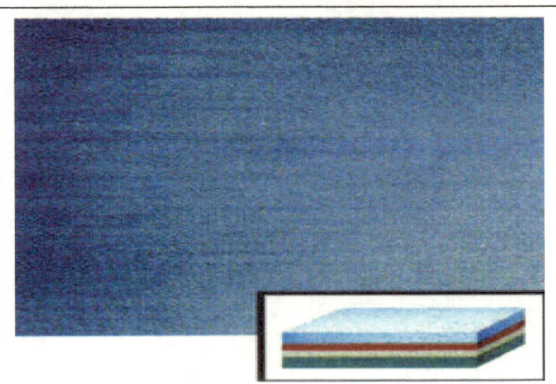

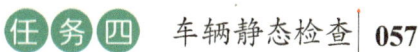

（续）

常见漆面不良现象	漆面不良图示
⑦鱼眼：也称为缩孔或珠孔，面漆上出现圆形小坑，有时呈分散状，有时呈聚集状	
⑧盖力不良：也称为透色或渗色，色漆不能完全遮盖原有漆面的颜色，或旧漆膜的颜色、底漆层的颜色渗透到面漆层，改变了面漆的颜色。红色和黄色漆层出现渗色的现象较多	
⑨原子灰或中涂底漆开裂：在漆面修补区内，原子灰填充区或底漆层开裂，从而导致面漆层开裂	
⑩细小龟裂：漆面严重失去光泽，面漆层上出现很多细小的裂纹，与干涸的池塘中的泥土开裂形状相似，裂纹往往呈现三角形、星形或不规则的放射形状。开裂一般发生在面漆层，有时也会深入内涂层	

（续）

常见漆面不良现象	漆面不良图示
⑪线状裂纹：面漆表面有明显的线状裂纹穿透，各裂纹之间比较平行，在黑色或其他深色的油漆表面上最常出现	
⑫脆裂：也称为撕裂或爪痕，裂纹呈现向外延伸的不规则的线形	
⑬砂纸痕迹扩张：油漆表面出现明显的砂纸打磨痕迹	
⑭底部锈蚀：漆膜表面出现细小的锈点、斑点、气泡或脱皮，当表面油漆被剥离后，漆层下面生锈部分的面积大于表面所见，这种现象也称为"锈蔓延"	

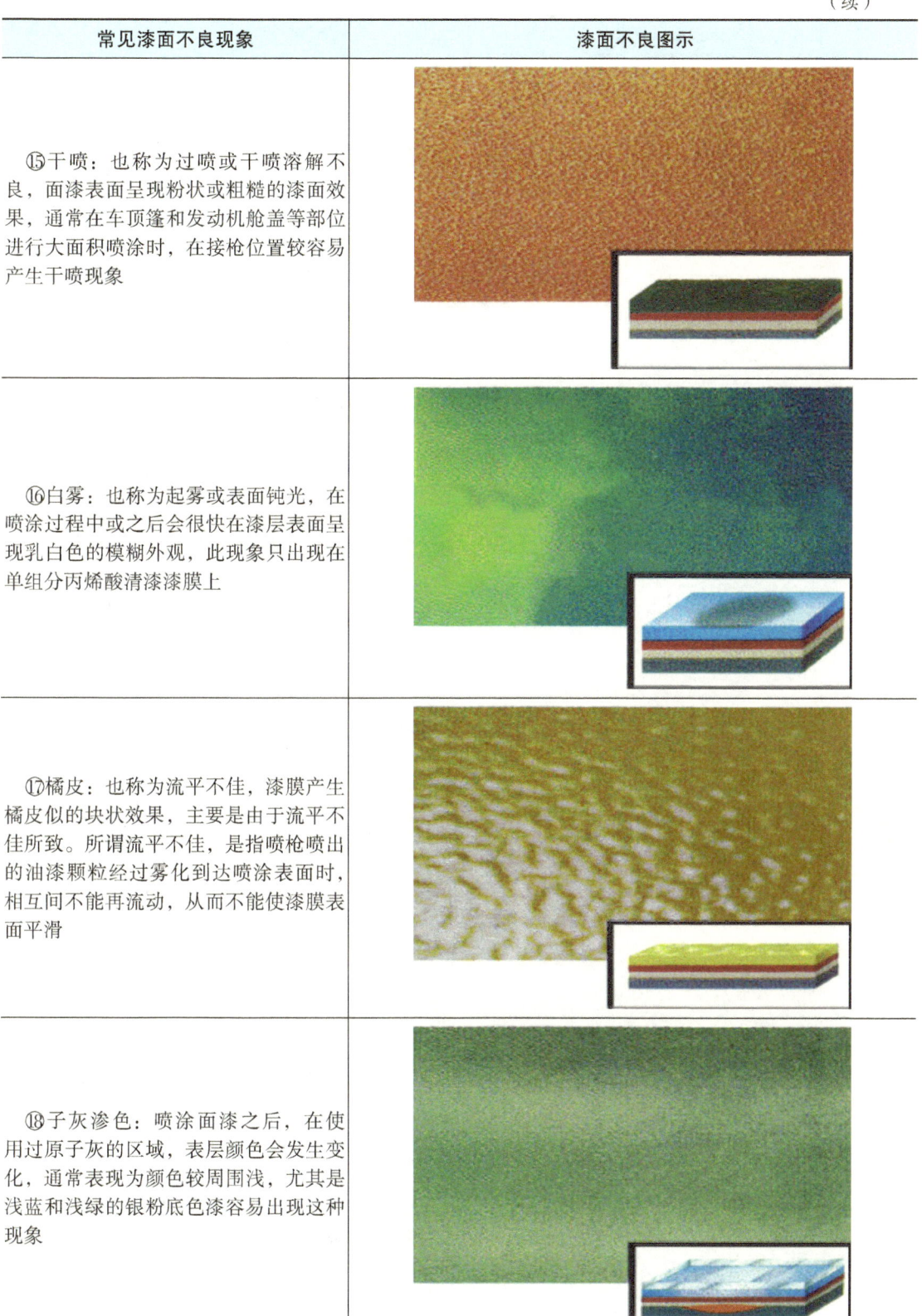

(续)

常见漆面不良现象	漆面不良图示
⑮干喷：也称为过喷或干喷溶解不良，面漆表面呈现粉状或粗糙的漆面效果，通常在车顶篷和发动机舱盖等部位进行大面积喷涂时，在接枪位置较容易产生干喷现象	
⑯白雾：也称为起雾或表面钝光，在喷涂过程中或之后会很快在漆层表面呈现乳白色的模糊外观，此现象只出现在单组分丙烯酸清漆漆膜上	
⑰橘皮：也称为流平不佳，漆膜产生橘皮似的块状效果，主要是由于流平不佳所致。所谓流平不佳，是指喷枪喷出的油漆颗粒经过雾化到达喷涂表面时，相互间不能再流动，从而不能使漆膜表面平滑	
⑱子灰渗色：喷涂面漆之后，在使用过原子灰的区域，表层颜色会发生变化，通常表现为颜色较周围浅，尤其是浅蓝和浅绿的银粉底色漆容易出现这种现象	

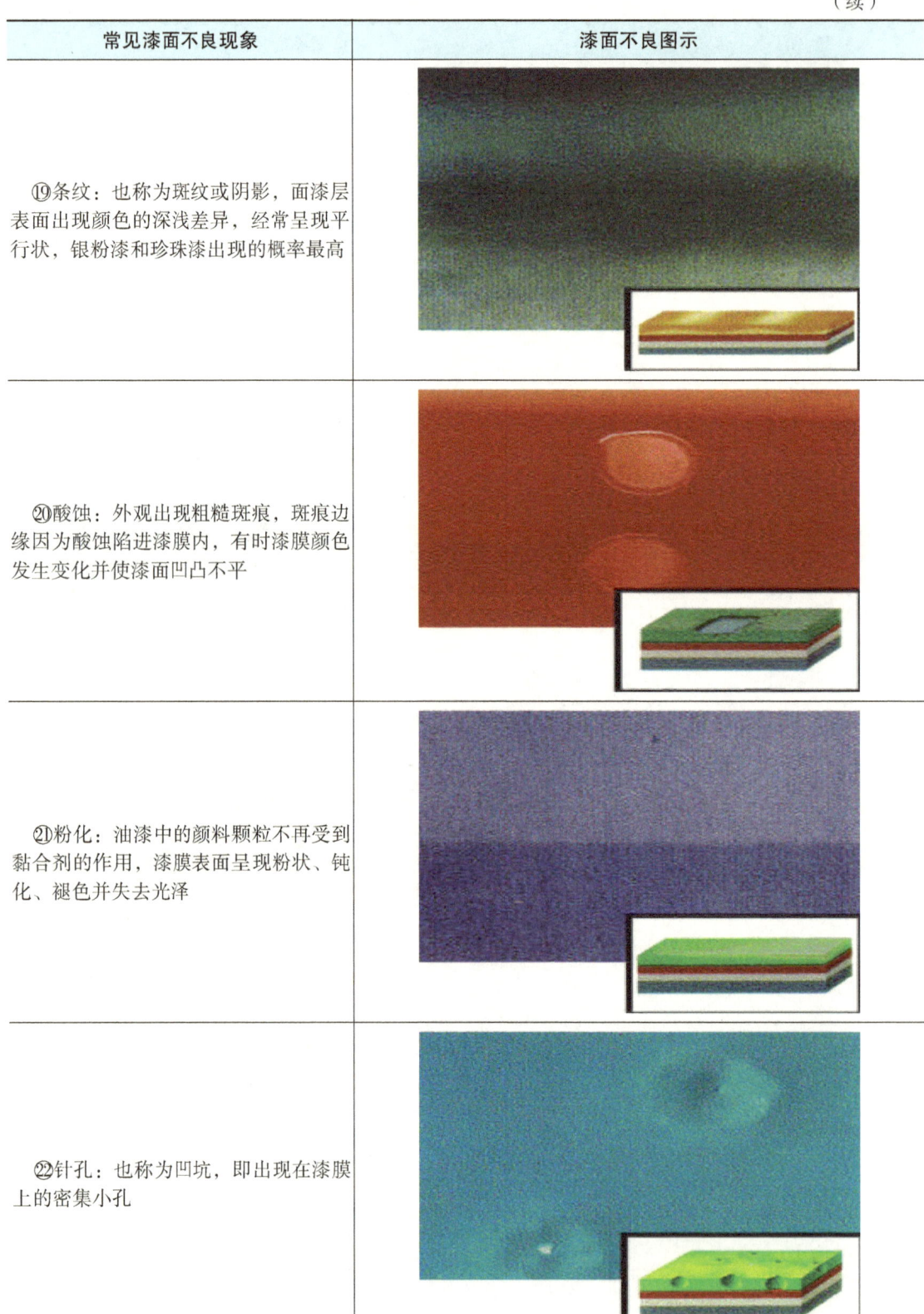

(续)

常见漆面不良现象	漆面不良图示
⑲条纹：也称为斑纹或阴影，面漆层表面出现颜色的深浅差异，经常呈现平行状，银粉漆和珍珠漆出现的概率最高	
⑳酸蚀：外观出现粗糙斑痕，斑痕边缘因为酸蚀陷进漆膜内，有时漆膜颜色发生变化并使漆面凹凸不平	
㉑粉化：油漆中的颜料颗粒不再受到黏合剂的作用，漆膜表面呈现粉状、钝化、褪色并失去光泽	
㉒针孔：也称为凹坑，即出现在漆膜上的密集小孔	

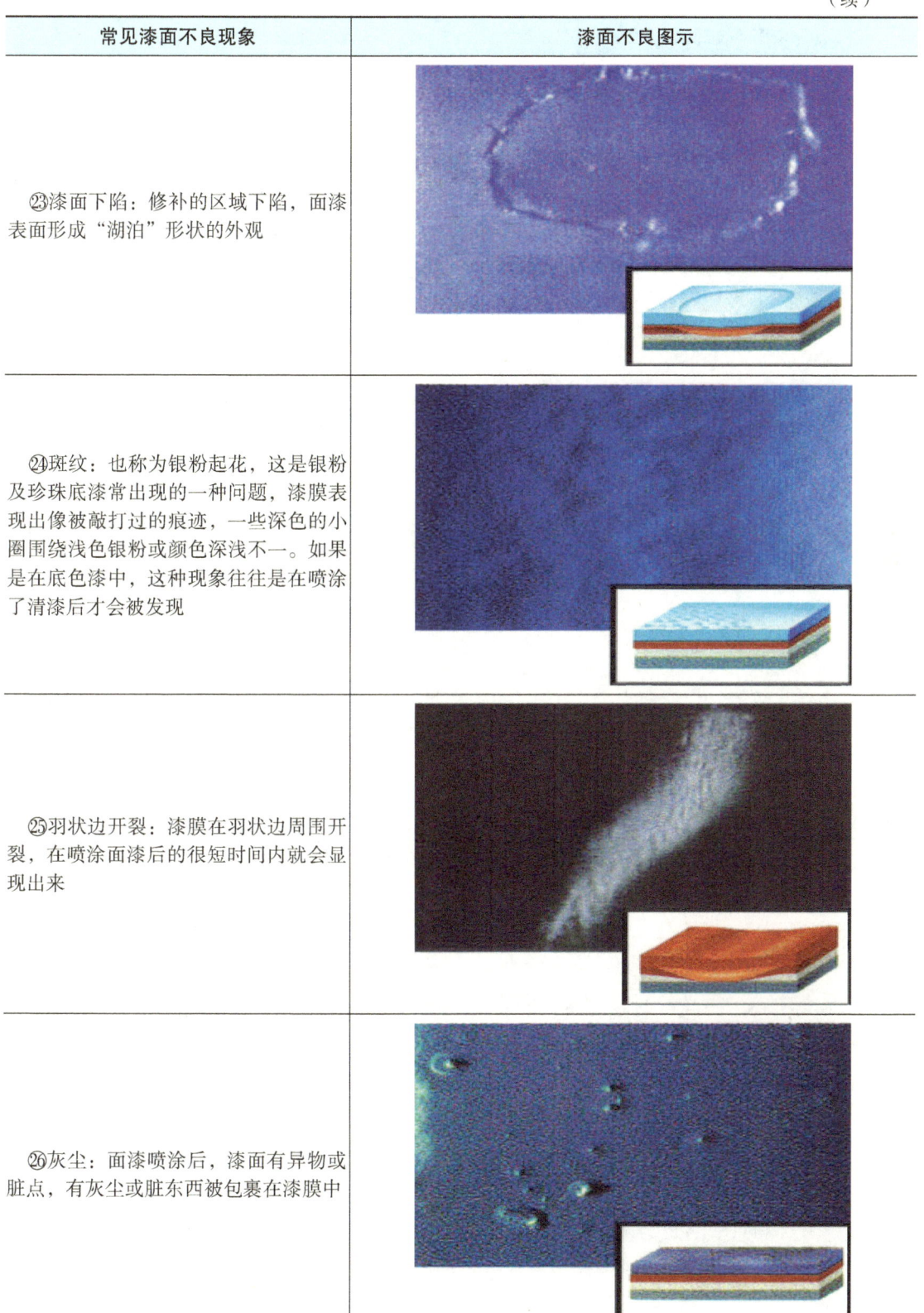

（续）

常见漆面不良现象	漆面不良图示
㉓漆面下陷：修补的区域下陷，面漆表面形成"湖泊"形状的外观	
㉔斑纹：也称为银粉起花，这是银粉及珍珠底漆常出现的一种问题，漆膜表现出像被敲打过的痕迹，一些深色的小圈围绕浅色银粉或颜色深浅不一。如果是在底色漆中，这种现象往往是在喷涂了清漆后才会被发现	
㉕羽状边开裂：漆膜在羽状边周围开裂，在喷涂面漆后的很短时间内就会显现出来	
㉖灰尘：面漆喷涂后，漆面有异物或脏点，有灰尘或脏东西被包裹在漆膜中	

(续)

常见漆面不良现象	漆面不良图示
㉗污染起泡：也称为气泡或"痱子"，即漆层表面出现不规则的起泡情况	
㉘潮湿起泡：均匀分布麻点状的小泡，大小各异，在非常湿热的条件下容易出现。这些气泡在空气湿度降低后会消失，漆膜变得平整	

3）漆面的经验检查法。车辆出厂前在主机厂进行统一的涂装，其特征是漆面一次性喷涂，颜色致密均匀，烤漆温度高。而4S店和二类维修店虽然可以靠电脑配色或者从主机厂调配购买桶装"原厂车漆"进行补（喷）漆，漆面质量较好，但是由于喷漆环境、烤漆温度均达不到原厂标准，难免会出现一些漆面不良现象。二手车评估师可以通过练习以下方法掌握传统的漆面鉴定方法。

①看。将车辆水平摆放到自然光照充足的地方，最好擦洗干净车身，然后对照表4-1所列举的情形仔细检查漆面。除了查看漆面色差、砂眼、橘皮等现象以外，还要特别留意"飞漆"现象。由于部分4S店在补漆时有时未将钣金件拆卸下来，在补漆中保护工作做得不扎实，会出现车门玻璃压条、车门拉手等非钣金件上沾上色漆的现象。因此局部喷漆时需做好保护，如图4-9所示。一般而言如果飞漆

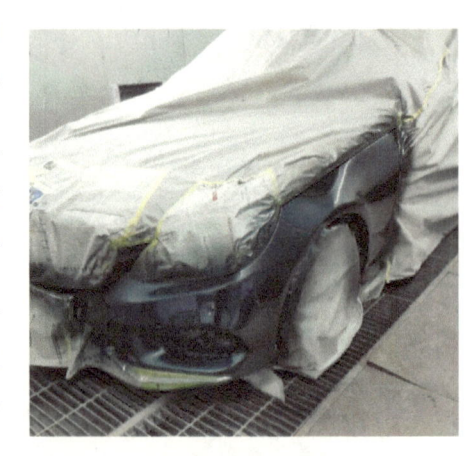

图4-9 局部喷漆时需做好防护

粘在漆面上，维修技师会通过抛光去掉飞漆，但是粘在塑料件或者线束上就很难清理了。鉴定时要仔细辨别，尤其是观察发动机舱内的塑料件或线束上有无"飞漆"。

②摸。汽车的发动机舱盖、行李舱盖、四个车门等面积比较大的钣金面在补漆修复时，一定要进行抛光打磨，漆面才能平整顺滑，但是维修技师比较难抛光漆面的四个边角，所以二手车评估师会用手摸钣金面的边角，感受漆面的顺滑度。如果触感顺滑，大概率证明是原厂漆；而触感粗糙，有"捻手"的感觉则大概率证明是后期补漆喷漆的。尤其是喷过漆的发动机舱盖和行李舱盖靠近玻璃的这个边会有粗糙感，与没喷过漆的有很大区别。初学者可以找到后期补（喷）漆钣金件和原版原漆钣金件做对比，感受并记住这种顺滑度的差异。

③敲。发生过较严重事故的车辆，如果钣金件没有更换，就必须经过钣金修复，钣金修复的表面不可能像新件那么平整光滑，所以经过钣金修复的外观件表面必须刮腻子填平，喷漆的厚度也会比较厚，敲打时声音要低沉一些，特别是喷漆的质量不太好时就更明显了。在鉴定时，敲击一下车漆面，如果声音发闷，就说明车漆比较厚，可能重新喷过漆；原车的漆面很薄，发出的声音比较清脆。值得注意的是如今由于汽车轻量化的要求，大多数车辆原厂钣金件均比较薄，如果钣金件仅仅是重新喷漆，敲击的声音差异是很小的，所以在二手车鉴定评估中一定不能用"孤证"下结论，要学会多种方法综合分析。

④粘。在二手车市场看车有时环境会比较嘈杂，而有些人对声音的细微差别并不敏感，用敲击听声音的方法难以分辨，我们还可以借助"软磁铁"来检查漆面。在文具店购买一块软磁铁（磁力不太强的软性磁铁，不能是磁性很强的硬质磁铁），用它靠近钣金面，如果未补过漆则软磁铁稳稳地粘在漆面上；如果检查部位漆面有钣金修复重新刮过腻子，则软磁铁很难粘上去，或者对比未补漆的部位吸附力明显减弱。使用软磁铁"粘"漆面的方法比较直观，有说服力，但是使用起来没有漆膜检测仪方便。

4）漆面的专用仪器检测。新车的漆面都是电脑自动喷涂，而且是在非常干净的无尘车间里面整体进行的，因此漆面与车体金属之间的厚度会很均匀，不会出现大的差别。而车辆局部受损后人工喷涂的油漆，事实上不可能做到与原厂喷漆的厚度相当；如果还存在钣金修复，漆面和金属之间涂抹过腻子胶等，漆面和金属之间的厚度会更大。

漆膜检测仪是检测车体漆膜厚度数值的仪器，通过测试漆面与车身铁皮的厚度，来判定是否存在钣金修复或者喷漆的痕迹。目前市面上常见的汽车车身有铁质和铝质两种，所以购买漆膜检测仪（见图4-10）时最好选择可以同时检测铁和铝表面的型号。

检测方法如下：

①调零。以"二手车鉴定评估实训数字化工具套装"为例，取出二手车漆膜检测仪"调零专用标准件"，可见一块圆形的纯铁片（Fe标记）、一块圆形的纯铝片（Al标记）、若干标记有不同厚度的透明塑料片，小心撕下纯铁片上的保护膜备用。打开漆膜仪，菜单选择调零，将漆膜仪探头水平放置在纯铁调零片上，此时由于探头和铁片之间无任何介质，漆膜仪的读数应该为"0"，如未显示为"0"，则需要长按"向左"键，此时漆膜仪读数自动归零，则完成一次调零，如图4-11所示。为保证调零准确度，减少仪器误差，一般进行三次调零，读数在-1μm至2μm之间即可。为验证调零后的漆膜仪测量是否准确，可以取出任何一片透明塑料片，如"1020μm±1%"塑料片，将其水平放置在圆形纯铁片上，用漆膜仪测试该塑料片厚度，如果测量数据在"1020μm±1%"范围内则证明调零准确。

图4-10　漆膜检测仪

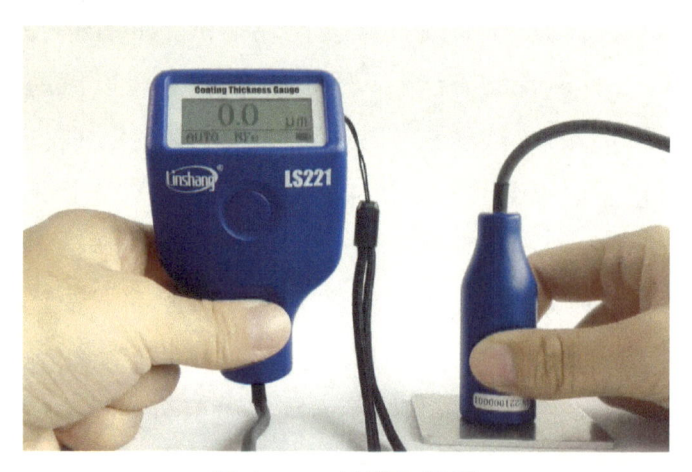

图4-11　漆膜仪调零

调零时需要注意，每次正式测量前必须先调零，如果测量的二手车为非铁质钣金件则需要用纯铝片进行调零；对于塑料件，如汽车的前后保险杠是不能用漆膜检测仪进行检查的，所以检查漆面需要传统方法配合仪器检查才能万无一失。

②获取车辆漆膜基准值。在检测中，一般以汽车车顶及油箱盖作为基准，这是因为车顶和油箱盖多数情况下不用重新喷漆。一般情况下，原厂漆面正常厚度在80~150μm。从市场实际检测数据来看，同一台车不同覆盖钣金件的原厂漆面厚度略有差异，但是相差一般不会超过50μm；同一台车非外观钣金件的漆面厚度普遍少于外观钣金件的漆面厚度，检测时要注意这是正常现象。大多数情况下，日韩系车的原厂漆面比德系、美系车的漆面平均厚度要小。车辆钣金件大致有三类维修方式，其一是只经过喷漆修复，漆面厚度测量值一般为200μm以上；其二，局部经过钣金修复后，由于多了一层厚厚的腻子，漆面厚度可以达到300μm以上，部分钣金件腻子刮得太厚测量时会不显示数值，这表明此时漆面厚度超出漆膜仪量程，已经"爆表"；其三是维修时重新更换了钣金件，比如更换发动机舱盖整体一次喷漆，由于4S店或二类维修店喷漆工艺没有原厂规范，其漆面厚度往往低于80μm。

测量车顶漆面基准数值时，为使测量数据准确，至少选三个点测量三次取平均值。如图4-12所示，该车的漆面厚度基本数值在140μm左右，如果车体其他部位的漆面厚度与此近似或在此值以内，都说明没有问题。

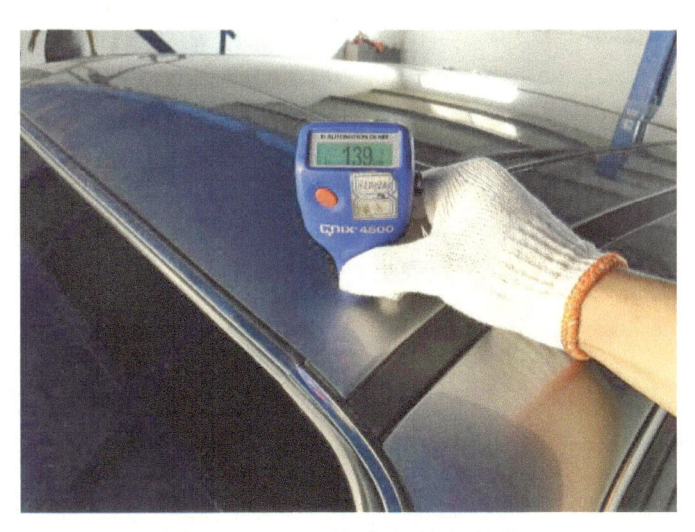

图4-12 采集漆面基准数值

③九宫格检测法。使用漆膜检测仪进行漆面检查时切不可东测一个点西测一个点，初学者可以通过九宫格检测法来规范测量过程。以发动机舱盖为例，用手指在漆面上画一个"井"字，将发动机舱盖漆面基本隔离出九个宫格，每一个小格子至少测量一次，如果九宫格的九个测量值均在标准范围内则大概率

是原厂件；如果一些部位数值明显高于基准数值，则车辆该部位可以判定进行过钣金、喷漆修整，而九宫格可以更加准确地在图纸上标注曾经修复的部位（见图 4-13）。在二手车鉴定过程中，如果检测师发现数值与基准数值差数非常大，则会进一步检查车辆该处是否存在事故痕迹，判定是否为事故车。初学者建议按照九宫格检测法对全车覆盖钣金件进行检测，通过仪器检测与经验检测相结合，可大大提高检测速度和准确度。

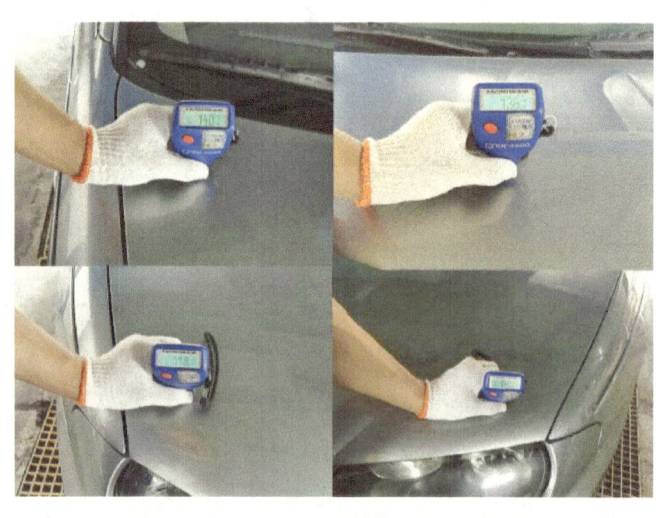

图 4-13 发动机舱盖漆面的检测

5）人工智能时代的漆膜检测方式。随着人工智能的快速发展，二手车检测设备也越来越智能，以"二手车鉴定评估实训数字化工具套装"为例，使用二手车鉴定智能终端和专用漆膜检测仪相配合。评估师使用漆膜检测仪测量全车漆面厚度，其检测结果自动上传到二手车智能终端，自动存储且数据不可更改，为二手车网销提供有力的数据支撑。

（3）车身结构件检查

1）认知结构件概念。根据《二手车鉴定评估技术规范》所述，事故车一般是指存在结构性损伤的车辆。所谓结构性损伤，是在车辆发生碰撞或者损坏之后，会伤及车梁、车架等车身结构件部位，发生变形、扭曲、烧焊、更换或者褶皱，需要经过切割、焊接等才能进行修复。这类的车辆在受到第二次碰撞的时候会失去或者减少原有的保护功能，对我们的行车安全造成了很大的隐患。

要识别事故车就要知道什么是汽车的结构件，目前市面上的私家车大部分是承载式车身。如图 4-14 所示，承载式车身结构大致由覆盖件、加强件和结构件组成。

①覆盖件：前后保险杠、发动机舱盖、行李舱盖、左右前翼子板、四个车门。

②加强件：前后防撞钢梁、吸能盒、前后左右翼子板内衬、前散热器框架、行李舱围板。

③结构件：前后左右纵梁、前后左右减振器座、ABC柱、前防火墙、行李舱隔板。

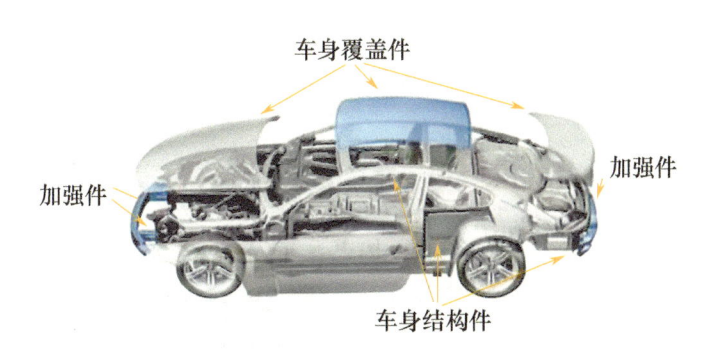

图4-14 车身结构爆炸图

不难看出，车辆在事故中如果只有覆盖件和加强件受损，维修时更换即可，不会影响到车架的刚性。所以在评估大事故车时，往往需要检查结构件是否受损或是否使用了切割、焊接等工艺维修。鉴定评估时，当怀疑被评估车辆是大事故车时，评估师将重点检查前后纵梁、减振器座部位、ABC柱等部位，如图4-15所示。

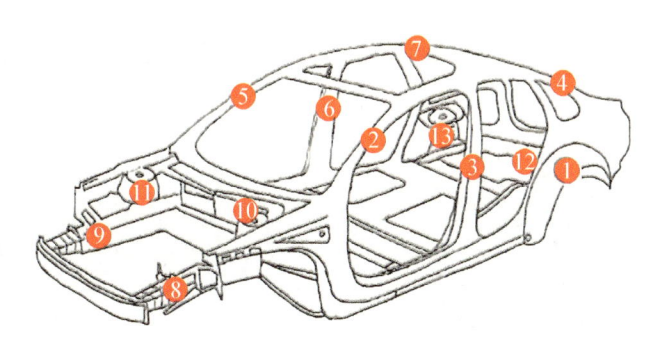

图4-15 车身结构件示意图
1—后纵梁　2—左A柱　3—左B柱　4—左C柱　5—右A柱　6—右B柱　7—右C柱
8—左纵梁　9—右纵梁　10—左减振器座部位　11—右减振器座部位
12—左后减振器座部位　13—右后减振器座部位

2）前后纵梁的检测。前纵梁是车辆前部最重要的结构件，影响乘员的安全性及关键部件的安装尺寸。在检测时要注意，如果事故仅仅造成防撞钢梁、吸能盒（均为加强件）损伤，而前纵梁（结构件）未受损，根据前述事故车的定义，修复后该车不能按大事故车一概而论，而是要检查该车修复的效果如何、是否影响再次使用、是否影响美观。如图4-16所示事故车，其前防撞钢梁明显受损，吸能盒也有部分变形，但是左侧纵梁头未见变形等损伤。若维修工艺精良，前防撞钢梁和吸能盒可整体更换，用螺栓和前纵梁联接即可，这样既不会出现车身尺寸变化，也不影响车辆外观，更不会影响车辆刚性。假设车辆再次碰撞，防撞钢梁、吸能盒、前纵梁依然可以提供足够的保护，所以在判定车辆是否是事故车时一定要仔细检查车辆的结构件是否有损伤。

图4-16 纵梁位置示意图

车辆是否是事故车（包括出过大事故、泡水、局部火烧等情形），极大影响二手车的评估价格，所以一些不法商家会拿精修事故车充当精品车出售。当纵梁发生碰撞出现弯曲（见图4-17），一般以拉伸矫正为主，经拉伸后如纵梁严重开裂会进行整体更换。纵梁修复（图4-18）根据不同损伤程度截取更换。

图4-17 纵梁受损示意图　　图4-18 纵梁正在进行切割修复

检查纵梁时要仔细查看前纵梁是否有钣金、焊接（图4-19）、喷漆等迹象。但是纵梁位置特殊，不好检查，而且二手车市场还存在焊点造假等现象。下面介绍纵梁检测的一般方法：

图 4-19　焊接留下的焊缝示意

①强光手电照射。如图 4-20 所示，通过强光手电光照射，不难看出纵梁上锈迹斑斑，而原厂漆面工艺纵梁在表面未受损的情况下不容易生锈。纵梁生锈大部分情况是纵梁切割焊接后，焊接处开始生锈。如图 4-21 所示，强光手电发现纵梁有扭曲褶皱现象。

图 4-20　强光手电检查纵梁是否有锈迹 　　　图 4-21　强光手电发现纵梁有扭曲褶皱现象

②左右纵梁对比检查。事故中如果左右纵梁均受损严重，车辆基本报废，不太可能再流向二手车市场。事故车常常是一边纵梁维修而另一边纵梁未受损，所以要养成左右纵梁对比检查的习惯。一查左右纵梁新旧程度，是否一边较新一边全是灰尘；二查纵梁周边配件是否大量更换，是否有"飞漆"；三查纵梁上的原厂焊点是否清晰。如图 4-22 所示，原厂纵梁上均布点焊机焊点，焊点内凹漆面均匀；而一些事故车为了掩盖纵梁修复焊点，会重新在纵梁上喷底漆，基本看不到原厂焊点，如图 4-23 所示。如果目视检查还不容易发现，评估师可以借助漆膜仪进行纵梁的漆面厚度测量，同样可以对比发现修复后的纵梁。

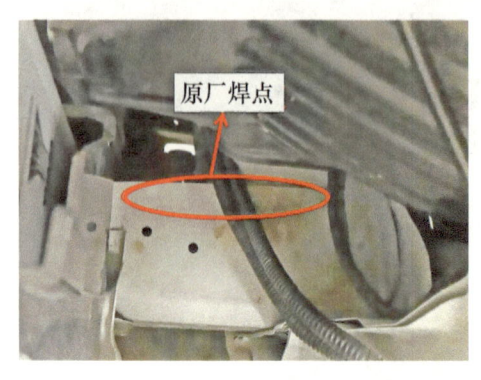

图 4-22　纵梁上原厂焊点清晰可见 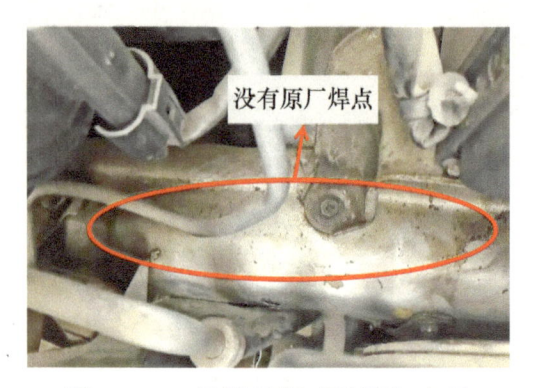　　图 4-23　纵梁显得"臃肿"未见原厂焊点

③用举升机将车辆举升后检查。当将被评估车辆举升后,前后纵梁上的损伤和修复就难以遁形了,即使有些车辆整体更换过纵梁,也能通过仔细检查底盘发现蛛丝马迹。如图 4-24~图 4-26 所示,纵梁整体更换后,纵梁上少有痕迹,但是焊接点容易识别,且焊点暴露在空气和地面水汽中,容易生锈,将车辆举升后便清晰可见。除了焊点、锈迹,也可以观察纵梁是否存在裂开、豁口、不正常间隙等。特别提醒,举升车辆存在较大危险性,请务必在专业的场地由专业的技师完成举升作业。

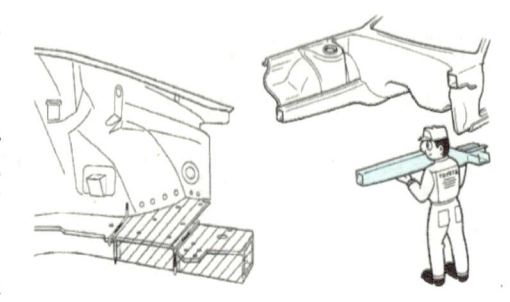

图 4-24　纵梁整体更换示意图

图 4-25　纵梁焊接处大量锈迹 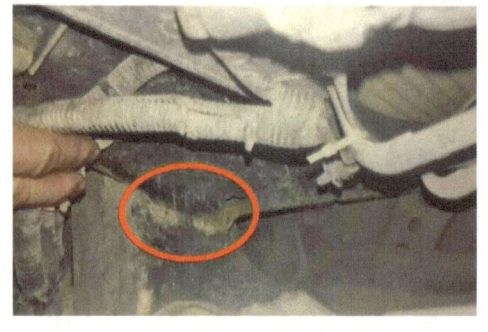　　图 4-26　纵梁修复中常见的钢板"不贴合"现象

3）减振器失效、损坏的判断方法。具体有以下三种方法。

①弹跳实验判别法:将车放在平坦处,可用力按下保险杠(按压车头部分也行),然后松开,如果汽车有 2~3 次跳跃回弹,则说明减振器工作良好。

②外观检查判别法:将车辆举升或者将车轮打向一侧,检查减振器外观,

如有明显油渍（一般是超过总长度 1/2）建议更换，如图 4-27 所示。将减振器防尘套掰开，如果看到缓冲块胶套有破损，大部分情况减振器也受到了严重的冲击而损坏。此外还要检查减振器座紧固螺栓是否有移位（见图 4-28），如果有极大可能减振器更换过。检查减振器座是否有焊接修复痕迹，如果有则说明该车行驶强度较大，一般是出租车或者网约车。

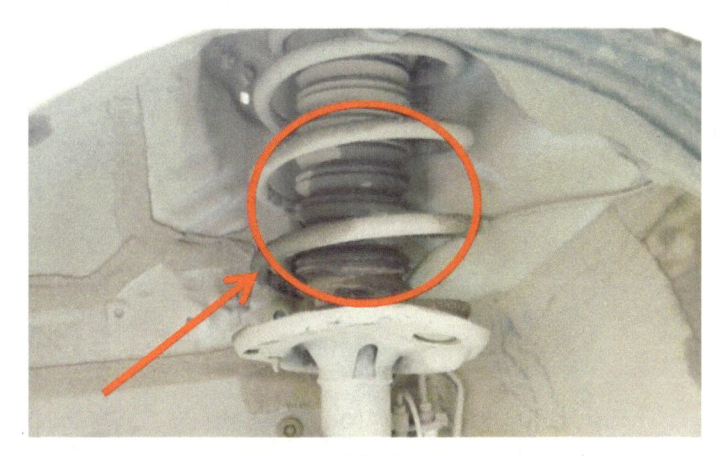

图 4-27 减振器漏油明显

图 4-28 减振器座紧固螺栓明显移位

③动态检查：在低速行驶的状况下，突然紧急制动，如果发现汽车抖动比较厉害，并且人体感觉不舒服，那么减振器损坏的可能性就非常大了。汽车在道路条件较差的路面上行驶 10km 左右后停车，用手摸减振器外壳，如果感觉外壳温度没有一定的热量或者一直就是冰凉的话，说明减振器内部无阻尼，减振器工作不正常。

4）A、B、C柱检查。车身 A、B、C 柱的检测，是判断事故车的重要指标。首先要了解 A、B、C 柱的维修方式。车辆 A 柱损伤无法通过矫正维修时可通过切割、分离，再将配件焊接在此位置上的方法维修。通常在维修手册中提供能切割的部位，切割时，必须按要求进行，而且不能对车辆的整体结构造成损伤。车辆A柱常见切割部位如图4-29所示。

如果B柱被碰撞而严重变形时，应进行更换。更换B柱前，通常在车顶盖下沿处切割B柱。切割部位在维修手册中可找到，如图4-30所示为车辆B柱常见切割位置。当B柱和车门槛板同时毁坏时，一般把B柱和车门槛板作为总成进行更换。

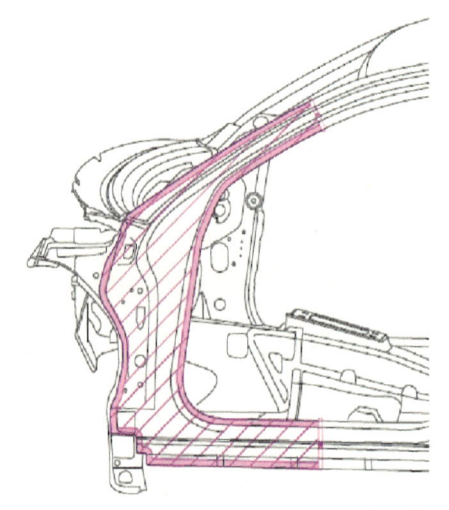

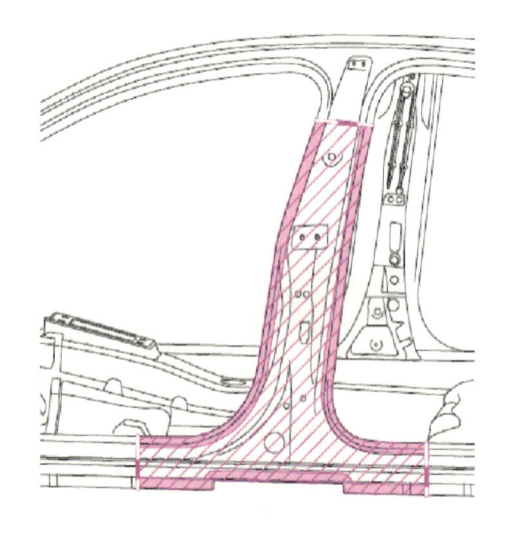

图4-29 车辆A柱常见的切割位置　　图4-30 车辆B柱常见切割位置

A、B、C柱切割更换后，经过重新打磨喷漆美容，一般人从外观较难看出端倪（见图4-31），以下介绍三个常用的检查方法。

图4-31 光看车辆外观很难判别A、B、C柱是否切割更换

①检查 A、B、C 柱漆面厚度。如果 A、B、C 柱有钣金或补漆等修复痕迹，说明车辆存在很大的事故嫌疑，二手车鉴定评估师就会着重对车辆底盘和前后侧梁做进一步的检测。如图 4-32 所示，使用漆膜仪测试 A、B、C 柱及门框漆面的厚度，如果发现漆面厚度超出标准值，则要进一步检查。

图 4-32　A、B、C 柱漆面的检查

②扒开密封胶条检查焊点。首先要小心扒开车辆 A、B、C 柱的胶条，评估师不能留长指甲，应用大拇指和食指揪住胶条的根部，均匀多次用力，切不可撕扯。有些车的胶条和车顶内饰融为一体，扒胶条时要更加小心。对于豪华车型，整车胶条由于支持更佳的密闭静音性能，其价格不菲，评估师如果弄坏了胶条会造成不必要的麻烦。所以，一般用漆膜仪检测漆面厚度，超出基准值较大时，才扒开相应的胶条检查，切不可一上手就扒胶条，这样既不专业也对车主不礼貌。其次，需要熟悉原厂焊点和维修后焊点的特点。如图 4-33 所示，原厂焊点的特征是平底、边缘有斜坡、有冲压痕迹，焊点与焊点的间距大致均匀，每个焊点的深度基本一致。有些车型扒开胶条后发现焊点并不是均匀分布，但是焊点深度一致，这是正常的。所以鉴定原厂焊点的关键是仔细查看每个焊点是否符合原厂特质。

但是，二手车市场上经常看到有些车有不正常的焊点，如图 4-34 所示，扒开 B 柱胶条后未看到任何焊点，这是由于该车 B 柱切割焊接维修后，需要刮腻子胶抹平后才能喷漆，厚厚的腻子胶把焊点遮盖住了。评估中看到这样的情况，需要进一步检查切割点在哪里。

图 4-33　扒开胶条查看原厂焊点　　　　图 4-34　腻子胶将焊点遮盖

一些非法商家为了掩盖 A、B、C 柱切割焊接修复的事实，会模拟原厂焊点的式样造出假的焊点，以干扰评估师判断。常见的焊点造假方法有电钻打孔（见图 4-35）、腻子上打点（见图 4-36）等。

图 4-35　电钻打孔造假焊点　　　　图 4-36　腻子上打点造假焊点

用电钻打孔的"焊点"边缘没有像原厂焊点一样的拉伸痕迹，而且"焊点"大小不一、深浅不一；腻子上打点后造成的"焊点"，虽说喷漆后有点像真焊点，但是用漆膜仪测出的数据偏差特别大。图 4-37 所示为鉴定评估中发现的假焊点示例，可见假焊点大小不一，且有厚厚的腻子胶，时间长了假焊点附近还会生锈。

在鉴定 A、B、C 柱是否曾修复、是否曾切割的过程中，漆膜检测仪能提供较真实的数据参考，如图 4-38 所示，一般 A、B、C 柱内侧漆面的厚度不高于 80μm，且均比原车车顶漆面厚度薄。鉴定评估时，如已经确定车辆有切割修复痕迹，可以将一圈胶条扒开，用漆膜检测仪沿着焊点测试一圈，如果其他焊点附近漆面厚度均正常，只有一段漆面数据偏大，则说明数据异常区域切割修复可能性较大。

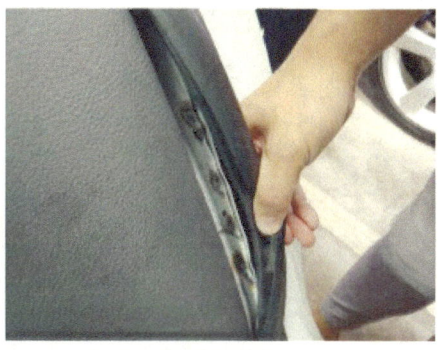

图 4-37 二手车评估中发现的焊点造假示例

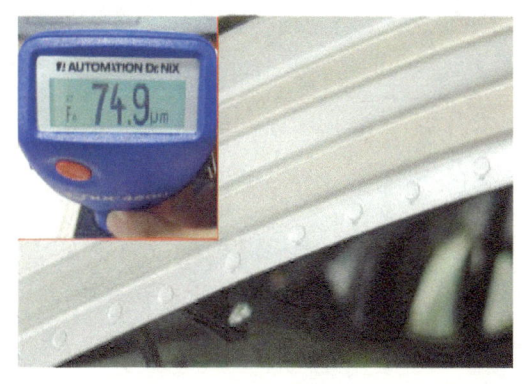

图 4-38 用漆膜检测仪检测焊点附近漆面厚度

③其他辅助判断方法。看连接在 A、B、C 柱上附件的连接螺栓有没有拆卸，正常情况下，这些螺栓基本不会拆卸的，如果是大面积的拆卸，那 A、B、C 柱切割的可能性较高。正常情况下，A、B、C 柱上的连接螺栓都是如图 4-39a 中所示，一般不会有任何拆卸；如果 A、B、C 柱需要大面积钣金修复或者切割，就需要将附件拆下以方便作业，如图 4-39b 所示，车门与 B 柱的连接螺栓有大面积拆卸，如果之前检查发现该车 B 柱漆面、焊点均异常，则完全可以证明该车 B 柱曾经发生过较大事故。

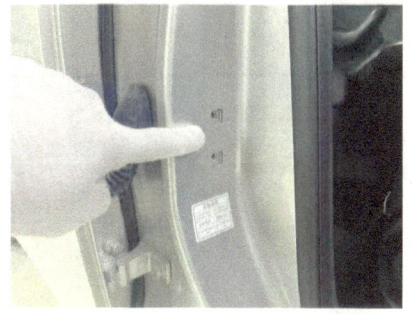

a) A、B、C 柱连接螺栓无拆卸　　b) A、B、C 柱连接螺栓有拆卸

图 4-39　A、B、C 柱连接螺栓的情况

总之，A、B、C 柱和车辆纵梁一样是车身重要的结构件，一旦有切割或大面积钣金修复都属于事故车范畴，在二次碰撞时极有可能危及生命安全，所以评估师要擦亮眼睛，严谨求证，让事故车无处遁形。

2. 驾驶舱检查

（1）检查驾驶操纵机构　针对驾驶操纵机构的检查主要包括以下内容：

1）检查转向盘。将汽车处于直线行驶的位置，左右转动转向盘，最大游动间隙由中间位置向左或向右应不超过 15°。如果游动间隙超过标准，说明转向系统的各部件之间间隙过大，转向系统需要保养维修。另外，两手握住转向盘，将转向盘向上下、前后、左右方向摇动推拉，应无松旷的感觉（见图 4-40）。如果有松旷的感觉，说明转向机内轴承松旷，需要调整。

图 4-40　检查转向盘

2）安全气囊检查。安全气囊是车辆极为重要的被动安全设备，尤其是车辆前部发生过碰撞的车辆，巨大的撞击力传递给碰撞传感器，进一步触发了安全气囊的弹出。安全气囊碰撞传感器位置如图 4-41 所示，安全气囊工作原理如图 4-42 所示。安全气囊是一次性的，爆开后不能再用，只能整套系统更换。而有些不法商家为牟取暴利，采取把安全气囊折叠回去的方法蒙混过关，这样车辆再次碰撞时安全气囊将不可能弹开，具有极大的安全隐患。

图 4-41　安全气囊碰撞传感器位置 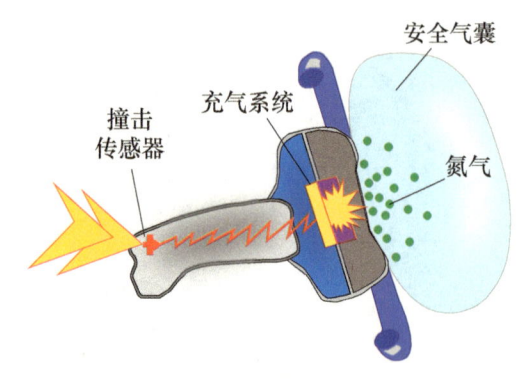　　图 4-42　安全气囊基本工作原理

检查安全气囊时，首先观察气囊自检系统是否正常。方法是将车辆钥匙插入

车钥匙孔，拧动到 AC 档位（一键起动的汽车在不踩制动时点按起动键即可），也就是让车辆处于用电设备通电但是不起动发动机的状态。通电后迅速仔细观察显示屏上安全气囊警告灯，如图 4-43 所示，正常车辆在通电后安全气囊系统会先自检 5~8s 后熄灭。如果安全气囊警告灯常亮，或者不管车辆处于什么状态安全气囊警告灯都不亮，则说明该车安全气囊系统故障，应交给维修技师仔细排查。

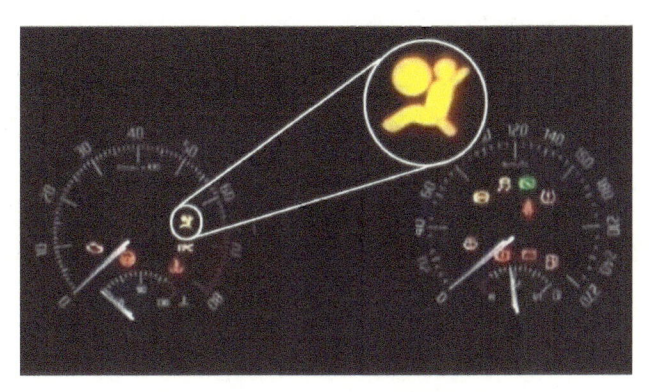

图 4-43　安全气囊警告灯

部分不法商家会用等效电阻的方法欺骗行车电脑的自检，实际上并没有更换安全气囊，但是气囊自检不能发现故障，这就需要评估师拆开安全气囊盖板来进一步鉴定了。如图 4-44 所示，打开气囊盖板后查看安全气囊是否完好。由于拆卸安全气囊盖板需要专业维修人士，为实现无损检测，也可通过 OBD 检测气囊系统是否有重置现象，此处不做深入探讨。

图 4-44　安全气囊检查

一般情况下，评估师只需要判断安全气囊有没有维修过。找到车内安全气囊安装的位置，一般标有"SRS""AIRBAG"等字样，如图 4-45、图 4-46 所

图 4-45　转向盘上安全气囊位置

图 4-46　A、B、C 柱安全气囊（气帘）常见位置

示。仔细观察盖板表面有无磨损，盖板的左右、上下间隙是否一致。此外还可以通过保险公司查询车辆的维修记录来确定车辆是否更换过安全气囊。

3）检查加速踏板。观察加速踏板是否磨损至过度发亮，若磨损严重，说明此车行驶里程已很长。踩下加速踏板，试试踏板有无卡滞。若是电子控制的加速踏板，可检查踏板是否更换过；若检查较老车型，需要检查加速踏板控制的节气门拉索是否松弛，若踩下加速踏板较费劲，说明节气门拉索有阻滞、破损现象，可能需要更换。

4）检查制动踏板。检查制动踏板的踏板胶皮是否磨损过度，通常制动踏板胶皮寿命是3万km左右。如果制动踏板换了新的，说明此车已经行驶了3万km以上。用手轻压制动踏板，自由行程应在10~20mm的范围内（见图4-47），若超过该范围，则应调整踏板自由行程；踩下制动踏板全程时，检查制动踏板与地板之间应有一定的距离。踩下液压制动系统的制动踏板时，踏板反应要适当，过软说明制动系统有故障。另外，气压制动系统气路中的工作气压必须符合规定。

5）针对手动变速器车辆需要检查离合器踏板。检查离合器踏板的踏板胶皮是否磨损过度，如果已更换了新的踏板胶皮，说明此车已行驶了3万km以上。轻轻踩下或用手推下离合器踏板，试一试踏板有没有自由行程（见图4-48），离合器踏板的自由行程一般在30~45mm之间。如果没有自由行程或自由行程过小，会引起离合器打滑。如果踩下离合器踏板几乎接触地板时才能分离离合器，说明离合器踏板自由行程过大，可能是离合器摩擦片或分离轴承磨损严重，需要检修离合器及其操纵机构。

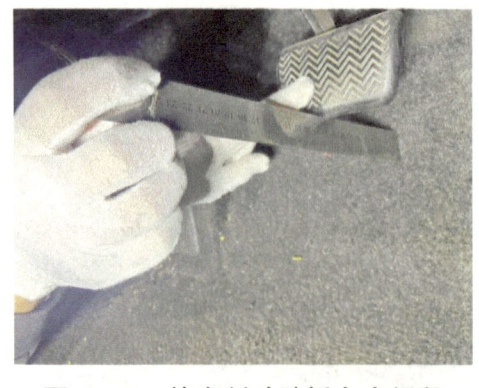

图4-47 检查制动踏板自由行程   图4-48 检查离合器踏板自由行程

6）检查驻车制动。若是有驻车制动操纵杆的车辆，先放松驻车制动，再拉紧驻车制动，检查驻车制动操纵杆是否灵活（见图4-49）、锁止机构是否正常。大多数驻车制动操纵杆拉起时应发出五六次咔嗒声后使后轮制动，多次咔嗒声后不能拉起操纵杆可能是因为太紧的缘故。另外，踏板操纵的驻车制动器释放机构实施后轮制动时也应发出五六次咔嗒声。如果用踏板操纵的驻车制动器系统施加制动时，发出更多或更少次咔嗒声，说明驻车制动器需要检修。电子驻车制动和AUTOHOLD等智能驻车系统，可在动态检查中检测其工作可靠性。

7）检查变速器操纵杆。如果车辆配备手动变速器，先用手握住变速器操纵杆球头，根据档位图，逐一将变速器换至各个档位，检查变速器换档操作机构是否灵活（见图4-50）。再观察变速器操纵机构防护罩是否破损，若有破损，异物（如硬币）就有可能掉入换档操纵机构内，引起换档阻滞，所以必须更换。对自动变速器的检查更适合在动态检查中进行。

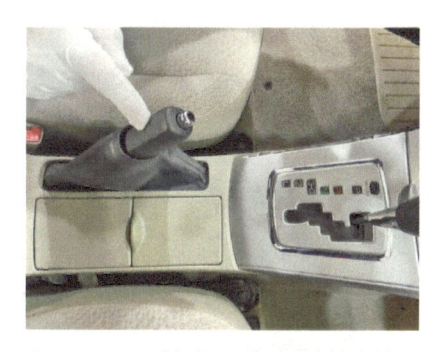

图4-49 检查驻车制动操纵杆　　图4-50 检查手动变速器操纵杆

（2）检查开关　车上一般有点火开关、转向灯开关、车灯总开关、变光开关、刮水器开关、电喇叭开关等。分别依次开启这些开关，检查这些开关是否完好，能否正常工作。

（3）检查仪表　一般汽车设有气压表、车速里程表、燃油表、机油压力表（或机油压力指示器）、水温表、电流表等仪表。应分别检查这些仪表能否正常工作，有无缺失或损坏。

（4）检查指示灯或警告灯　汽车上有很多指示灯或警告灯，如制动警告灯、机油压力警告灯、充电指示灯、远光指示灯、转向指示灯、燃油残量指示灯、驻车制动指示灯等，应分别检查这些指示灯或警告灯能否正常工作。

新型轿车上采用了大量的电子控制设备，这些电子控制设备均设有故障灯。当这些灯亮时，表明此电子控制系统有故障，需要维修，因此应特别注意检查。汽车上电子控制设备主要故障灯有发动机故障灯、自动变速器故障灯、ABS故障灯、SRS故障灯、电控悬架故障灯等。

电控系统的故障灯一般设在仪表盘上,其检查方法是打开点火开关,观察这些故障灯是否亮3s后,自动熄灭。若3s内自动熄灭,则表明此电子控制系统自检通过,系统正常;若3s内没有熄灭,或根本就不亮,说明此电子控制系统自检不通过,系统有故障。由于电控系统的故障较复杂,对汽车的价格影响很大,若有故障,应借助于专用诊断仪来检查故障原因,以此判断系统的故障位置,确定其维修价格。

(5)检查座椅 检查座椅罩是否撕破或裂开、有无油迹等情况,座椅磨损程度可以辅助判断车辆真实行驶里程数,如图4-51所示;检查座椅前后移动是否灵活,能否固定;检查座椅高低能否调节及座椅后倾调节角度;检查所有座椅安全带数量是否正确、是否在合适位置并工作可靠。当坐在座椅上,如果感到座椅弹簧松弛,弹力不足,说明用车繁忙,已行驶了很长里程。

(6)检查地毯和地板垫 掀起车内的地板垫或地毯,检查是否有霉味,是否有湿气或锈蚀污染的痕迹;检查地板垫或地毯底下是否有水,如果水的气味像防冻液,则散热器芯可能发生泄漏(见图4-52)。汽车被水浸泡也可能出现车身地板变湿或生锈,如果汽车已经浸泡,应在装饰板上查找高水位标记,如果水位达到车门装饰板一半以上,损坏可能性要比单纯生锈更大和更严重。因为发动机控制单元、电动车窗电动机、电动座椅电动机及其他电气装置往往位于车身地板或前车门踢脚板处,如果发现地板上有被水浸泡的迹象,则这些电气电子部件就会受损,汽车的价值就要大打折扣。

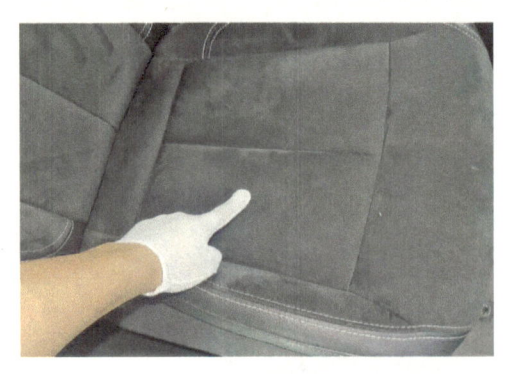

图4-51 座椅的磨损程度可以辅助判断车辆真实行驶里程数

图4-52 检查地毯和地板垫

(7)检查杂物箱和储物格 一般汽车内设有杂物箱和储物格,用以放置汽车维修手册、汽车保养记录等物件。有些车主会把维保手册放在杂物箱,所以检查内饰的重要事项之一是仔细查看杂物箱和储物格。

（8）检查电气设备　车内电气设备众多，进行电气设备的检查要特别仔细，主要包括以下内容：

1）检查刮水器和前风窗玻璃洗涤器（见图4-53）。打开刮水器和前风窗玻璃洗涤器开关，观察前风窗玻璃洗涤器能否喷出洗涤液；观察刮水器是否在所有模式下都能正常工作，刮刷是否清洁，刮水器运转是否平稳。检查刮水器关闭时，刮水片能否自动返回初始位置。

2）检查电动车窗和电动外后视镜。按下电动车窗开关（见图4-54），检查各车窗升降器能否平稳、安静工作，有无卡滞现象，各车窗能否升起和落下。

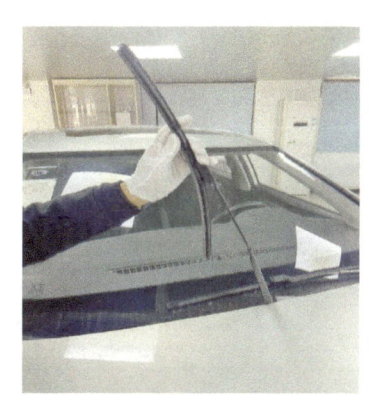

图4-53　检查刮水器和前风窗玻璃洗涤器

按下电动外后视镜开关上的上升按钮，然后再按下降按钮，检查电动后视镜能否平衡先向上移动，再向下移动。按下电动外后视镜开关上的向左按钮，再按下向右按钮，检查电动后视镜能否平衡先向左移动，再向右移动。然后拨动左右后视镜调节切换钮，查看左右后视镜是否均能操控自如。有些车辆的后视镜有一键自动折叠功能，也需要检查是否正常，如图4-55所示。

需要注意的是，电动车窗开关按钮车主几乎每天都要用，手上的油脂汗液容易造成按钮的油光和磨损，使用时间越长磨损越严重，评估师可通过仔细观察这个细节判断出车辆的使用时长。

图4-54　检查电动车窗

图4-55　检查电动外后视镜

3）检查电动门锁。如果汽车有电动门锁，试用一下，确保从外面能打开所有门锁（注意：试的时候不要把钥匙锁在车里）。同时，确保操作门锁按钮能使所有车门开锁,再从外面试试看(见图 4-56)。一些高端车具有控制单侧车门独立开关的功能,如图 4-57 所示,鉴定时需逐一验证其功能。

图 4-56 检查电动门锁

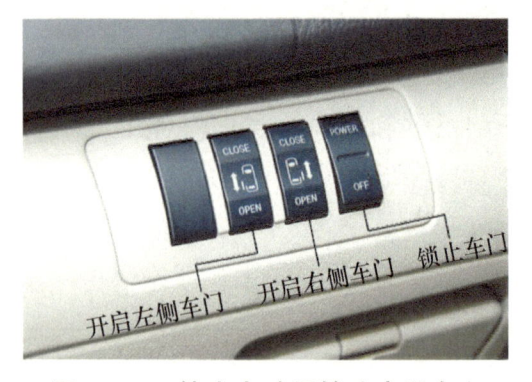

图 4-57 检查电动门锁(高端车)

4)检查点烟器。按下点烟器,观察点烟器能否正常工作(见图 4-58)。点烟器插座是许多附件共用的线路,点烟器不能工作可能说明其他电路有故障或者只是熔丝烧断。

5)检查娱乐系统。用 U 盘(或一张 CD 唱片)来检查音响系统,检查其能否正常工作,音质是否清晰;打开收音机开关,检查收音机能否工作。应在发动机运转时倾听音响系统或收音机,检查有无发动机电器系统干扰,或由于天线的松动、断裂引起信号的接收不良(见图 4-59)。检查车辆的语音控制和智能控制系统是否功能正常。

图 4-58 检查点烟器能否正常工作

图 4-59 检查车载娱乐系统

6)检查多功能转向盘按钮。如果配备了多功能转向盘,一般会在转向盘三点钟及九点钟方向集成一些常用的按钮,方便驾驶员驾车时手不离开转向盘也能操控诸如音响设备音量大小调节、定速巡航调节、电话接听等功能,如图 4-60 所示。静态检查时应检查按键功能是否可靠,定速巡航等功能可以在动态检查时再鉴定。

7）检查电动天窗（见图4-61）。如果有电动天窗，检查一下操作是否平稳，关闭时是否密封良好。打开天窗时，检查轨道上是否有漏水的痕迹，这是天窗的典型问题，特别是在二手车上。如果天窗上有玻璃板或塑料板，查看玻璃板或塑料板是否清洁并且有无裂纹。许多天窗上有遮阳板，当不想让阳光射进来时，可以向前滑动或转动从内部遮住天窗。要确保遮阳板状态良好，工作正常。

图4-60　某车型多功能转向盘　　　图4-61　检查电动天窗

8）检查除雾器。如果汽车配备了后风窗除雾器，即使无雾可除，也要试一下。如果系统工作正常的话，打开后风窗除雾器几分钟后，后风窗玻璃摸上去应该是热的（见图4-62）。还要检查暖风器（即使是夏天）并确保风速开关在所有速度档都能正常工作。试试前风窗玻璃除雾开关并在前风窗玻璃底部感受一下热空气，如果没有热气，可能意味着除雾器导管缺失或破裂。

图4-62　检查除雾器

9）检查防盗报警器。一些汽车上加装了防盗报警器，应检查其能否正常工作。先设置报警，然后再振动翼子板，检查防盗报警器能否启动报警，但在检查之前应确保知道如何解除报警。

10）检查空调鼓风机。打开空调鼓风机，依次将风速开关旋转至不同的档位，检查鼓风机是否能正常运转。针对双区或多区空调，还要检查各区空调温度单独控制是否正常。

11）检查电动座椅。针对电动座椅，检查座椅在所有调节方向上能否正常移动。

（9）检查行李舱

1）检查行李舱锁。行李舱锁只有用钥匙才能打开，检查行李舱锁有无损坏。

2）检查气压支柱。一般行李舱采用气压支柱，要检查气压支柱能否支撑起行李舱盖的重量。失效的气压支柱可能使打开的行李舱盖自动关上，这是很麻烦甚至很危险的情况。

3）检查行李舱开关拉索或电动开关。有些汽车在驾驶舱内部有行李舱开启拉索或电动开关，确保其能够工作，并能不费劲地打开行李舱盖。

4）检查防水密封条。行李舱防水密封条对行李舱内部的储物和车身地板的防护十分重要，所以应仔细检查防水密封条有无划痕、损坏、脱落。

5）检查内部油漆与外部油漆是否一致。在打开行李舱后，对内部进行近距离的全面观察，检查油漆是否相配；检查行李舱区漆成的颜色是否的确与外部的颜色相同，行李舱盖底部的颜色是否与外部的颜色相同，如果行李舱中喷漆颜色不相配，表明已重喷了便宜漆，或者是更换过板件或有其他一些碰撞修理。查看行李舱盖金属构件、地板垫、后排座椅后的纸板、线路或是尾灯后部等位置是否喷漆过多。

6）检查行李舱地板。拉起行李舱中的橡胶地板垫或地毯，检查地板是否有铁锈、修理和焊接痕迹，或行李舱密封条泄漏引起的发霉的迹象（见图4-63）。

7）检查备用轮胎。如果是一辆行驶里程较短的汽车，其备用轮胎应该是新的，与原车的标记相同，而不是回收的那种花纹几乎磨光的旧轮胎（见图4-64）。

图 4-63　检查行李舱地板　　　　图 4-64　检查备用轮胎

8）检查随车工具。确认出厂时原装的千斤顶、千斤顶手柄、轮胎螺母拆卸工具、警示牌齐全。检查原装千斤顶的储放处和使用说明，如果备胎安装在行李舱地板的凹槽内，而凹槽内通常贴有印花纸，它处于行李舱盖下、行李舱壁上或备胎上方的纤维板上。由于一些碰撞修理的结果，这些印花纸可能已经发暗或缺失。

⚠ **特别提醒**：整车整备状态的随车工具、备胎等必须完备，否则交管部门不予以通过年检，也不许过户。

9）检查门控灯。行李舱内有一门控灯，当行李舱盖打开时，门控灯应点亮。如不亮则说明门控灯或门控灯开关损坏。

10）检查行李舱盖的对中性和闭合质量。轻轻按下行李舱盖，不用很大力气就应能关上行李舱盖。对于一些高档轿车，行李舱盖是自动闭合的，不能用劲猛关行李舱盖。行李舱盖关闭后，行李舱盖与车身其他部分的缝隙应全部均匀，不能有明显的偏斜现象。

3. 发动机舱检查

检查发动机舱时，主要检查发动机舱盖、散热器框架（俗称龙门架）、左右翼子板、发动机舱结构件等，如图4-65所示。

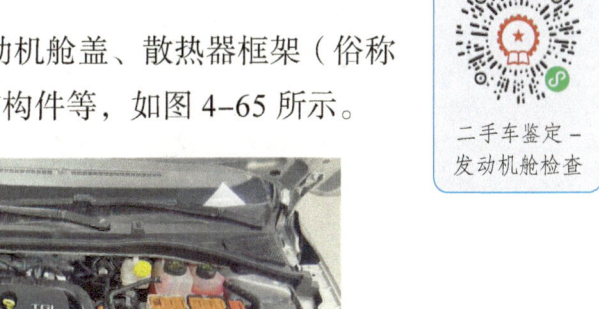

图 4-65　检查发动机舱

（1）发动机舱盖的检查　如果车辆的车头部分发生过碰撞，有两种可能性：一种是轻微事故，对发动机舱盖进行修复喷漆；另外一种就是比较严重的事故，则要更换发动机舱盖。

1）打开发动机舱盖，观察发动机舱盖锁扣和预留孔，看是否有锈迹，是否变形，如图4-66所示。车辆的前部碰撞伤及发动机舱盖，如果损伤面积不大，一般选择维修发动机舱盖，需要进行矫正、钣金、做漆、打磨等工序。发动机舱盖前部的预留孔在碰撞和维修中均容易变形损坏，有的发动机舱盖矫正后锁扣出现不正常磨损现象，也容易生锈。当然也可以用漆膜检测仪测试发动机舱盖外表面和内表面的漆面厚度，看是否在标准漆面厚度之内。

图4-66 检查发动机舱盖的锁扣和预留孔

2）查看发动机舱盖撑杆及紧固螺栓。撑起发动机舱盖，观察其左右两侧的连接螺栓是否有更换、拧松痕迹，如图4-67所示，图中展示的六角螺母虽然有一层厚厚的灰尘，但是其表面没有掉漆、生锈的情况，判断该螺母没有被拧松过；仔细观察螺母垫片（有些螺栓自带压紧垫片）没有移位，可以判断该螺母没有被重新拧紧过。

图4-67 仔细检查发动机舱盖左右连接螺栓是否更换或拧动过

发现发动机舱盖左右连接螺栓都有明显的拧松痕迹，则有两种情况，需要分别判断：其一，如果发动机舱盖前部有修复痕迹、漆膜仪数据局部偏大，说明发动机舱盖是从车上拆卸下来重新喷漆修复的；其二，发动机舱盖漆膜数据相差不大，整个漆面厚度正常或略低于该车基准漆膜厚度，但是发现左右连接螺栓有拧松痕迹，甚至有在螺母上喷漆遮盖拧动痕迹的现象，则要警惕发动机舱盖整体更换，车辆前部有可能发生过大事故。评估师可进一步鉴定该更换后

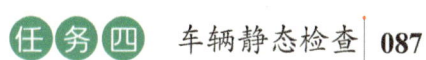

的发动机舱盖是原厂件还是副厂件，其修复价格、工艺均有较大差别，评估价格也会受到影响。

发动机舱盖更换了副厂件的鉴定方法有两种：一是观察发动机舱盖内的标贴是否存在（当然并不是所有车型都贴在发动机舱盖上，有些车型贴在散热器框架上），修复喷漆过或更换过发动机舱盖后标贴就不复存在；二是观察发动机舱盖卷边上是否有阻尼胶条（见图4-68），该胶条广泛应用于车辆钣金件，四个车门、行李舱盖的卷边处均有，其作用是减少车辆钣金件之间的共振，除部分车型（如部分美系车）外，原厂钣金件均压制有阻尼胶条，而副厂钣金件不会有该胶条。如果全车其余钣金件上都有原厂阻尼胶条，而唯独发动机舱盖没有，则可证明该发动机舱盖是更换了副厂件。

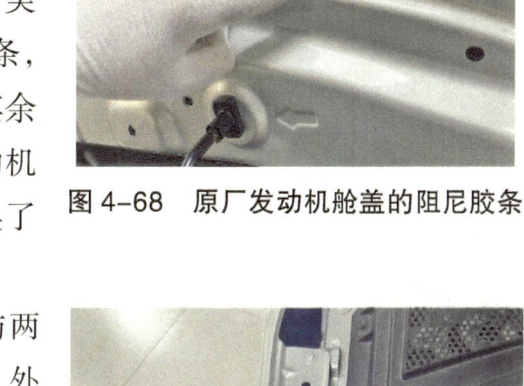

图4-68 原厂发动机舱盖的阻尼胶条

（2）检查翼子板 检查发动机舱盖与两侧翼子板之间的缝隙是否均匀，检查内、外板及外部边缘阻尼胶条是否均匀，如果密封剂、漆面有维修痕迹，意味该车发动机舱盖有过碰撞损伤。如图4-69所示，打开发动机舱盖后明显发现左右翼子板漆面过于新亮，进一步通过鉴定螺栓是否拧动而确定左右翼子板经过了钣金修复。

图4-69 左右翼子板漆面过于新亮

（3）检查散热器支架 散热器支架一般是焊接在前翼子板和前横梁上形成车辆前板，如图4-70所示。在一些非承载式车身结构的车辆中，散热器支架用螺栓固定在翼子板、车轮罩和车架总成上。它除了提供前部钣金件的支撑外，也支撑散热器以及相关冷却系统零部件。散热器支架损伤修复可由普通矫正设备和技术进行矫正，如果支架部分损伤，只需更换相应损伤部件。当散热器支架严重变形时，应整体更换。

检查时，仔细观察散热器支架是否经过维修，检查散热器支架两端的密封剂是否完好、标牌是否完好。如果密封剂、漆面有维修痕迹，说明该车前部有过碰撞损伤。

图 4-70　散热器支架焊接位置

（4）检查发动机冷却系统　发动机冷却系统对发动机有很大影响，应仔细检查发动机冷却系统相关零部件，主要检查冷却液、水管、散热器风扇传动带、散热器冷却风扇等。

1）检查冷却液。冷却液的全称叫防冻冷却液，它能防止冬季停车时冷却液结冰而胀裂散热器或冻坏发动机。南方冬季气温较高，部分车主容易忽略冷却液的保养。但是二手车市场车辆可以卖向全国，如果冷却液不合格，车辆到了寒冷的北方将有可能造成较大损伤。检查一下储液罐里的冷却液，冷却液应该清洁，液面在"MAX"（满）与"MIN"（低）标记之间（见图 4-71）。冷却液颜色应该是浅绿色或红色。如冷却液看上去更像水而不像冷却液，则可能是车主一次又一次地加水稀释造成。冷却液闻起来不应该有汽油或机油味，如果有则说明发动机气缸垫可能已被烧坏。

图 4-71　查看冷却液液面

冷却液的检查还可以用冰点检测仪进行，如图 4-72 所示，其结果更准确。该仪器主要用于检测乙二醇或丙二醇等为基液的防冻液冰点温度，以及蓄电池充电状态，是交通车辆和工程机械理想的检测工具。防冻液冰点及蓄电池电解液密度两用测试仪是根据溶液浓度（与冰点对应）与折射率的对应关系

图 4-72　用于冷却液检测的冰点检测仪

而设计的光学仪器，可快速测试乙二醇型长效防冻液的结晶冰点及电解液相对密度。

使用方法如下：

①调节检测仪清晰度。将折光棱镜对准光亮方向，调节目镜视度环，直到标线清晰为止。

②调整基准。测定前首先使标准液（纯净水）、仪器及待测液体基于同一温度；掀开盖板，然后取1~2滴标准液滴于折光棱镜上，并用手轻轻按压盖板得出一条明暗分界线；旋转校准螺栓使目镜视场中的明暗分界线与基准线重合（0%），蜂蜜专用的除外。

③测量。掀开盖板，用柔软绒布擦净棱镜表面，取1~2滴从被测车辆中吸取的冷却液滴于折光棱镜上，盖上盖板轻轻按压，读取明暗分界线的相对刻度，即为被测液体的浓度值及密度值，如图4-73所示。

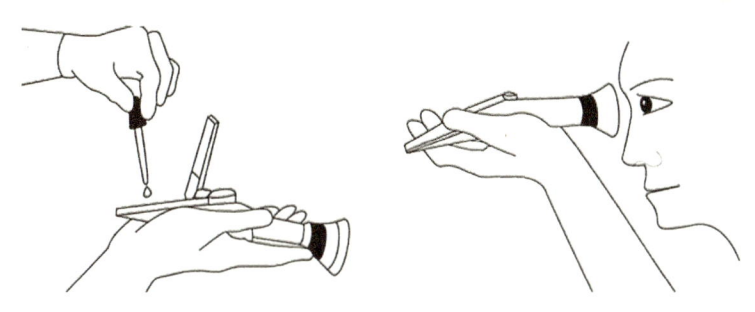

图4-73 冰点检测仪使用方法

④用后保养。测量完毕后，直接用潮湿绒布擦去棱镜表面及盖板上的附着物，待干燥后，妥善保存起来。冷却液具有一定腐蚀性，注意不要沾染衣物，做完测试应马上洗手清洁。

检测数据读取方法如图4-74所示，冰点检测仪视窗中有三个刻度表，最左边可测量蓄电池电解液密度，中间测量丙二醇及乙二醇的冰点，也就是可以测量目前市面上大多数冷却液的冰点，最右边刻度可

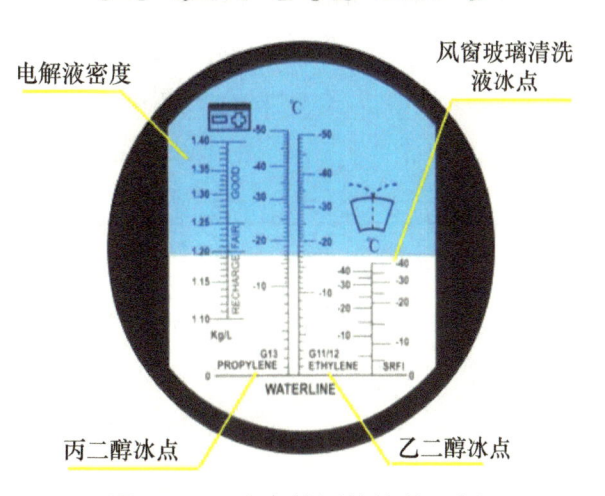

图4-74 冰点检测仪读数示例

用于测量风窗玻璃清洗液（俗称玻璃水）冰点，每次只能测量一种介质。当检测某车冷却液冰点时，应对照中间刻度表进行读取，可见视窗中蓝色和白色交界处刻度为 -17℃，也就是该车冷却液在 -17℃左右将停止流动而结冰。

不同纬度的车主会选择不一样冰点的冷却液，南方使用 -15℃ ~-25℃的冷却液即可，但是北方尤其是东北地区基本需要使用 -35℃ ~-45℃的冷却液。有专家做过实验，假如车主发现冷却液不足便自己加水，当往冰点为 -47℃冷却液中加入 90% 的水后冰点温度变成 -2℃，冬天很容易结冰。所以在二手车交易中需要重视冷却液的冰点检测，尤其是北方交易的车辆。值得注意的是，冷却液最好使用同品牌同色系的，在极端条件下，也可临时用水替代冷却液，但是长期用水做冷却液会造成冷却液管道锈蚀堵塞。

2）检查水管。用手用力挤压水管，看软管表面是否有裂纹或鼓起情况，是否有锈蚀迹象，特别是连接水泵、节温器壳或进气歧管的软管处（见图 4-75）。

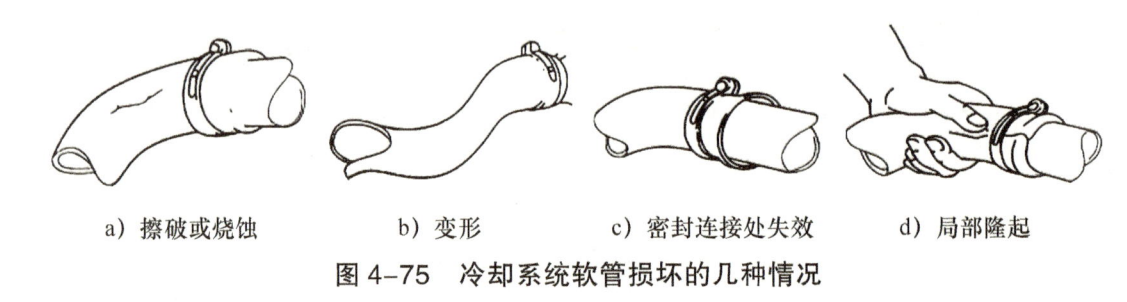

a) 擦破或烧蚀　　b) 变形　　c) 密封连接处失效　　d) 局部隆起

图 4-75　冷却系统软管损坏的几种情况

3）检查散热器风扇传动带。用手电筒照亮相关部位，仔细检查传动带的外部，查看是否有裂纹或传动带层片是否脱落。应该检查传动带与带轮接触的工作区是否磨亮，如果磨亮则说明传动带已经打滑（见图 4-76）。传动带磨损、磨光或打滑可能引起尖叫声，使蓄电池充电不足，甚至产生过热现象。

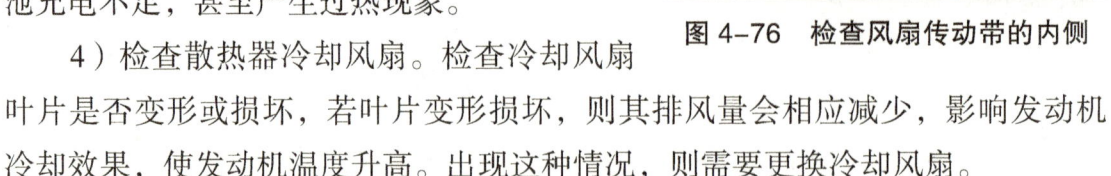

图 4-76　检查风扇传动带的内侧

4）检查散热器冷却风扇。检查冷却风扇叶片是否变形或损坏，若叶片变形损坏，则其排风量会相应减少，影响发动机冷却效果，使发动机温度升高。出现这种情况，则需要更换冷却风扇。

（5）检查发动机润滑系统　发动机润滑系统的作用是对发动机各个运动部件进行润滑，使其发挥出最大的性能。若发动机润滑系统不良将严重影响发动机的使用寿命和价值，所以应仔细检查，主要检查项目包括机油质量、机油泄漏、机油滤清器等。

检查机油的步骤如下：

1）找到机油口盖。对于直列4缸、5缸或6缸发动机，其机油口盖在气门室盖上。对于纵向安装的V6或V8发动机，机油口盖在其中一个气门室盖上。如果发动机横向安装，机油口盖一定在前面的气门室盖上。一些老式车的机油口盖上有一根通向空气滤清器壳体的曲轴箱强制通风过滤器软管；新式车机油口盖上没有软管但有清晰的标记。在拧开机油口盖之前，一定要保证开口周围区域干净，防止灰尘进入而污染发动机。

2）打开机油口盖。拧下机油口盖，将它反过来观察就可以看到机油的牌号。通常卖主将二手车开到车市之前已经更换过机油。在机油口盖的底部可以看到旧油甚至脏油痕迹，这是正常的，不正常的是机油口盖底面有一层具有黏稠度的浅棕色乳状物（见图4-77），还可能有油与油污混合的小水滴。这种情况表明冷却液已经通过损坏的衬垫或者气缸盖、气缸体裂纹进入机油中。不管是哪种情况，如果汽车不进行大修就不能正常使用了。被冷却液污染的机油在短时间内会对发动机零部件造成危害，这种修理通常很费钱，如果情况很严重或者对此不引起注意，可能造成发动机全面大修。

3）检查机油质量。取一片洁净白纸，在纸上滴下一滴机油（见图4-78）后仔细观察，如果在用的机油中间黑点里有较多的硬沥青质及炭粒等，表明机油滤清器的滤清作用不良，但并不说明机油已变质；如果黑点较大，且油是黑褐色、均匀无颗粒，黑点与周围的黄色油迹界限清晰，有明显的分界线，则说明其中洁净分散剂已经失效，表明机油已经变质。

图4-77 机油口盖浅棕色乳状物

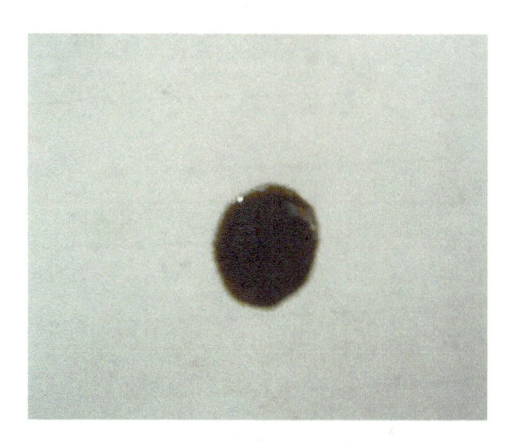

图4-78 滴在纸上的机油

机油变质的原因有很多，如机油使用时间过长（一般在车辆行驶 5000km 时，应更换机油），或发动机气缸磨损严重，使燃烧废气进入油底壳，造成机油污染。

4）检查机油气味。拔出机油尺，闻一下机油尺上的机油有无异味。若有汽油味，则说明机油中混入了汽油，汽车经常在混合气过浓的情况下运行。发动机在此条件下长时间运转会使其在寿命期远未到达之前就已经磨损，因为未稀释的燃油会冲刷掉气缸壁上的机油膜。还可以使用放大镜对机油尺进行近距离的检查，查看是否有污垢或金属粒，检查机油尺自身的颜色，如果发动机曾严重过热，机油尺会变色。

5）检查机油液位。起动发动机之前或停机 30min 以后，打开发动机舱盖，拔出机油尺，将机油尺用抹布擦干净后，插入机油尺导孔，再拔出查看（见图 4-79），油位应在上下刻线之间。若机油液位低于下刻线，应检查是否有异常消耗或泄漏现象。

图 4-79　用机油尺查看机油液位

机油泄漏是一种常见现象。检查机油是否泄漏的主要部位有气门室盖、气缸垫、油底壳垫、曲轴前后油封、油底壳放油螺塞、机油滤清器、机油散热器的机油管、机油散热器、机油压力感应塞。

6）检查机油滤清器。用专用工具拆下机油滤清器，观察机油滤清器有无裂纹，密封圈是否完好，机油质量是否符合要求。

7）检查PCV阀。从气门室盖拔出PCV阀并晃动，它应顺利地发出"咔嗒"声。如果PCV阀沾满油污并不能顺利地发出"咔嗒"声，说明发动机机油和滤清器没有经常更换，需要更换新的 PCV 阀。

（6）检查点火系统　点火系统工作性能的好坏直接影响发动机的动力性和经济性，对点火系统的外观检查主要是检查蓄电池（见图 4-80）、点火线圈、高压线、分电器、火花塞（见图 4-81）等零件的外观性能。点火系统的检查项目包括：检查蓄电池标牌，看蓄电池是否为原装；检查蓄电池表面的清洁程度，以及蓄电池托架或蓄电池安装箱是否有严重腐蚀的迹象；检查高压线、分电器和火花塞是否状态良好；检查点火线圈，观察点火线圈外壳有无破裂。

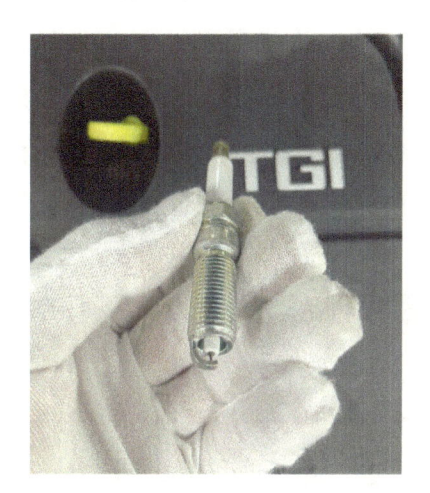

图 4-80　检查蓄电池的充电情况　　　　图 4-81　检查火花塞的燃烧情况

（7）检查燃油泄漏　检查燃油泄漏的项目主要包括：

1）查找进气歧管上残留的燃油污迹并仔细观察通向化油器或燃油喷射装置的燃油管和软管。对于化油器式发动机，查看燃油泵（通常安装在前方底部附近）本身的接头周围或垫片处有无泄漏的迹象。对于所有车型，注意发动机舱内的燃油气味或行驶过程中的燃油气味，有燃油味通常说明燃油泄漏。

2）检查汽油管路。发动机供油系统有进油管路和回油管路，检查油管是否老化。

3）检查燃油滤清器。燃油滤清器一般在汽车行驶 50000km 后需更换一次，如果车辆在接近这一里程且燃油滤清器看起来和底盘的其他部件一样脏，说明燃油滤清器可能没有更换过。

（8）检查发动机进气系统　发动机进气系统性能的好坏，尤其是混合气浓度的控制对发动机工作性能影响很大。因此应仔细检查发动机进气系统，主要检查项目包括：

1）检查进气软管。进气软管一般采用波纹管，如果进气软管出现老化变形、变硬或有损坏或烧坏痕迹，表明进气软管需要更换。如果进气软管光亮如初，可能喷过防护剂喷射液，应仔细检查，以防必须更换的零部件被遗漏。

2）检查真空软管。首先用手挤压真空软管，它们应该富有弹性，而不是又硬又脆。如果在检查时，塑料T形管接头破碎或裂开，则需要更换。在检查真空软管的同时，应注意真空软管的管路布置，查看软管是否像原来出厂时那样整齐排列，是否有软管从零件上明显拔出、堵住或夹断。这些现象能说明软管曾被人动过，或者车主可能隐瞒了某些不能工作的系统或部件。

3）检查空气滤清器。空气滤清器用于清除空气中的灰尘等杂物。若空气滤清器过脏，会降低发动机进气量，影响发动机的动力。所以应拆开空气滤清器，检查空气滤芯，观察其清洁情况。

4）检查节气门拉索。检查节气门拉索是否有阻滞、毛刺等现象。

（9）检查机体附件　检查机体附件的主要项目包括：

1）检查发动机支脚。检查发动机支脚减振垫是否有裂纹，若有损坏，则发动机振动强烈，导致使用寿命急剧下降。

2）检查正时带。轿车的凸轮轴一般采用齿形正时带来驱动，齿形正时带噪声小且不需润滑，但耐用性不及链条驱动。通常每行驶10万km，必须更换正时带。

拆下正时罩（如果有必要，使用一个手电筒），仔细检查正时带内、外两侧（见图4-82）有无裂纹、缺齿、磨损等现象。若有，表明此车行驶了相当长的里程。

3）检查发动机各种带传动附件的支架和调节装置。检查发动机各种带传动附件的支架和调节装置是否松动，有无螺栓丢失或有无裂纹等现象。支架断裂或松动可能引起风扇、动力转向泵、水泵、交流发电机和空调压缩机等附件运转失调，从而导致传动带损坏，甚至造成设备提前损坏。

图4-82　检查正时带

（10）检查发动机舱内其他部件　发动机舱内其他部件的检查项目包括：

1）检查制动主缸及制动液。检查制动主缸是否锈蚀或变色（通常可以在发动机舱内壁处看到），制动主缸锈蚀和变色表明制动器出现故障，或是主缸盖

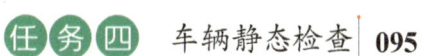

橡胶垫泄漏或是制动液经常添加过多使一些油液漏在系统上造成锈蚀。主缸中的制动液应该十分清澈，如果呈雾状，说明系统中有锈，需要全面冲洗，重新加注新制动液并放气。对任何一种主缸，都要检查制动液（见图4-83）。如果制动液颜色深，说明油液使用时间过久或被污染，应该进行更换。另外还要检查制动液液位是否正常。液位低预示着制动片或摩擦块可能已经磨出沟，此时需检查沟内有无异物。

2）检查离合器液压操纵机构。对于大多数配置手动变速器的汽车，离合器采用液压操纵，这意味着在发动机舱内壁的某处（通常在制动主缸附近）有一个离合器的储液罐。它使用与制动主缸相同的油液，应该检查该油液是否状态良好。

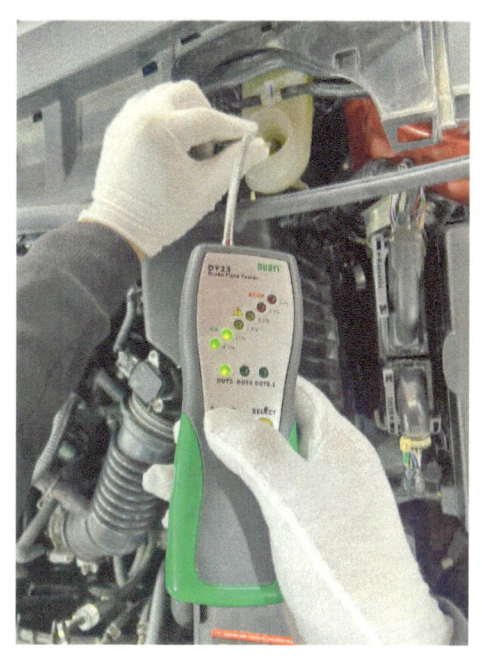

图4-83　检查制动液

3）检查继电器盒。许多汽车在发动机舱内有电气系统总继电器盒，它在蓄电池附近或发动机舱内壁某个区域。打开继电器盒的塑料盖，查看内部，通常在塑料盖内侧有一张图，指明哪一个继电器属于哪一个系统。

4）检查发动机线束。查看发动机舱中的导线是否擦破或是裸线、导线是否露在保护层外、导线是否固定在导线夹中、导线是否用标准的胶带包裹以及是否有外加导线。有胶带或外加导线可能预示着早期的线路问题，或者是安装了一些非原厂附件，如立体声收音机、雾灯、民用频带对讲机或防盗报警器等。这些附件如果是专业安装，通常导线线路和线束整齐，固定在原来的线束卡或线束中，使用的是非焊接的卷边接头，而不是使用绝缘胶带。

4. 底盘检查

检查完发动机舱、驾驶舱、行李舱、车身表面等车上部件后，就要进行下一步工作，即检查汽车底盘。将汽车用举升机举起后，就可对车底各部件进行检查，而车主在卖车之前，一般不会对底盘各部件进行保养，所以，底盘各部件的技术状况更能真实地反映出汽车整体的技术状况。

二手车鉴定-底盘检查

（1）检查泄漏　在汽车底下很容易检查出泄漏源，汽车底盘可以检查出的泄漏包括冷却液泄漏、机油泄漏、制动液泄漏、变速器油泄漏、转向助力油泄漏、主减速器油泄漏、电控悬架油泄漏、减振器油泄漏、排气泄漏等。

1）检查冷却液泄漏。冷却液泄漏通常从上部最容易看见，但是如果暖风器芯或软管泄漏，液滴只可能出现在汽车下侧，所以应在离合器壳或发动机舱内壁周围区域寻找那些冷却液污迹。而汽车空调通常会滴水，有时相当多，汽车熄火后，可能还会滴一会儿，这是正常现象。当路试返回并在测试空调时，不要把那种水滴和冷却液泄漏混淆。来自空调的水是蒸汽凝结成的，无色无味，不像冷却液那样呈绿色并有一点甜味。

2）检查机油泄漏。检查油底壳与曲轴箱接合处、油底壳放油螺塞区域是否有泄漏的迹象，而行程超过80000km的汽车有少量污迹是常见的。当泄漏持续很长时间时，行车气流抽吸型通风装置和发动机风扇将把油滴抛到发动机、变速器或发动机舱壁下部区域，所以严重的泄漏不难发现，除非汽车的下侧最近用蒸汽清洁过。而大多数二手车的车主都不会费力地进行彻底检查，经销商也不会付额外的费用进行蒸汽清洁底盘，只清洁打开发动机舱盖就能看到的地方。

3）检查转向助力油泄漏。在一些汽车上，转向助力油泄漏可能看起来像变速器油泄漏，因为两种油液相似，但是动力转向泵泄漏通常造成的污迹集中在动力转向泵或转向器（齿条齿轮）本体附近。

4）检查变速器油泄漏。对于自动变速器，一般有自动变速器冷却装置，其管道较长，容易出现泄漏。检查方法是在冷却管路连接到散热器底部的地方查看是否有变速器油泄漏，沿着冷却管路、变速器油盘和变速器后油封周围的区域查看。返回变速器的金属冷却管应该成对布置，有几个金属夹子沿着管路将它们固定，管路不应该悬下来。还应该检查是否在某些地方没有切断金属管而用螺钉夹安装橡胶软管作为修理手段。只有几种具有足够强度和足够耐油耐热的橡胶软管才可以用作变速器油管，而像燃油软管那样的常规软管，在短期使用后就可能失效，引起变速器故障。

5）检查制动液泄漏。诊断前、后制动器是否有制动油液的痕迹。查找制动钳、鼓式制动器后板和轮胎上是否有污迹。从汽车的前部到后部，寻找制动管路中是否有扭结、凹陷或泄漏的痕迹。

6）检查排气泄漏。排气系统紧固是很重要的，这可以使汽车行驶时噪声小，乘坐更舒适。如果排气系统泄漏，一氧化碳流入汽车内部，让车内乘员呼吸到，将是致命的。可以在汽车路试前起动发动机，注意倾听发出声音的一些特定区域，从而判断泄漏来源。排气泄漏痕迹通常呈现为白色、浅灰或者黑色条纹，它们可能来自排气管、三元催化转化器或消声器上的针孔、裂缝或孔洞。特别注意查看消声器和三元催化转化器接缝，以及两个管或排气零件的接合处，有排气垫的地方，就有排气泄漏的可能性。

（2）检查排气系统　检查排气系统上的所有吊架是否都在原来位置并且是否为原来部件。大多数现代汽车具有带耐热橡胶环形圈的排气管支承，它连接车架支架与排气管支架。当这些装置被更换为通用金属带时，排气系统将承受更大的应力并使汽车承受更多的噪声、热量和振动。

检查排气系统零件是否符合标准、排气尾管是否更换，要确保它们离制动管不能太近。在后轮驱动的汽车上，排气尾管越过后端部，要确保紧靠后桥壳外表的制动管没有因为与排气系统上的凸起干涉而被压扁（见图4-84）。

图4-84　检查排气系统

（3）检查前、后悬架

1）检查弹簧。汽车弹簧主要有钢板弹簧和螺旋弹簧两种。对于钢板弹簧，应检查其是否有裂纹、断片和碎片现象；两侧钢板弹簧的厚度、长度、片数、弧度、新旧程度是否相同；钢板弹簧U形螺栓和中心螺栓是否松动；钢板弹簧销与衬套的配合是否松旷。对于螺旋弹簧，应检查其有无裂纹、折断和疲劳失效等现象；螺旋弹簧上、下支座有无损坏。

2）检查减振器。检查4个减振器是否有漏油现象（见图4-85），如果有漏油，说明减振器已失效，需要更换；检查前、后减振器的生产厂家是否一致；检查减振器上下连接处有无松动、磨损等现象。

图4-85　检查减振器

3）检查稳定杆。稳定杆主要用于前轮，有时也用于后轮，两端固定于悬架控制臂上。其功用是转弯时保持车身平衡，防止汽车侧倾。检查稳定杆的关键是检查稳定杆有无裂纹，与车身连接处的橡胶衬有无损坏，以及与左、右悬架控制臂的连接处有无松旷现象。

（4）检查转向机构　汽车转向机构性能的好坏对汽车行驶稳定性有很大影响，因此应仔细检查转向系统，尤其是转向传动机构。检查转向系统除了检查转向盘自由行程之外，还应仔细检查以下项目：

1）检查转向盘与转向轴的连接部位，转向器垂臂轴与垂臂连接部位，纵、横拉杆球头连接部位，纵、横拉杆臂与转向节的连接部位，转向节与主销之间是否松旷。

2）检查转向节与主销之间是否配合过紧或缺润滑油，纵、横拉杆球头连接部位是否调整过紧或缺润滑油，转向器是否无润滑油或缺润滑油。

3）检查转向轴是否弯曲，其套管是否凹瘪。

4）对于动力转向系统，还应该检查动力转向泵传动带、转向油泵安装螺栓是否松动，动力转向系统油管及管接头处是否存在损伤或松动等。

（5）检查传动轴

1）对于后轮驱动的汽车，检查传动轴、中间轴及万向节等处有无裂纹和松动；传动轴是否弯曲，传动轴轴管是否凹陷；万向节轴承是否因磨损而松旷，万向节凸缘盘连接螺栓是否松动等。

2）对于前轮驱动的汽车，要特别注意等速万向节上的橡胶套。绝大多数汽车的每一侧（左驱动桥和右驱动桥）具有内、外万向节，每一个万向节都是由橡胶套罩住的，而且它里面填满润滑脂，橡胶套用来保护万向节，以免受到污物、锈蚀和潮气的侵蚀。更换万向节很费钱，所以要仔细检查。用手弯曲或挤压橡胶套，查找是否有裂纹或擦伤，一个里面已经没有润滑脂的有划痕等速万向节橡胶套是一个信号，说明万向节由于污物和潮气的侵蚀需要立即更换。

（6）检查车轮

检查项目包括：检查车轮轮毂轴承是否松旷；检查轮胎磨损情况；检查轮胎花纹磨损深度，轿车轮胎胎冠上的花纹深度不得小于1.6mm，其他车辆转向轮的胎冠花纹深度不得小于3.2mm，其余轮胎胎冠花纹深度不得小于1.6mm（见图4-86）。

图 4-86　检查轮胎花纹磨损深度

5. 浸水车的检查

在二手车的买卖中，要特别注意浸水车，经过水浸泡的车辆不宜购买，因为后期会出现很多的问题，如线路、电器等故障。

那么如何鉴定二手车是否属于浸水车呢？主要从发动机舱、驾驶舱、行李舱三个区域鉴别。

（1）发动机舱检查　发动机舱主要检查熔丝盒、蓄电池、线束夹缝、前照灯、风扇等地方是否存在水浸泡的痕迹，如果有，说明该车辆可能是浸水车。线束浸水与不浸水的区别如图 4-87 所示。

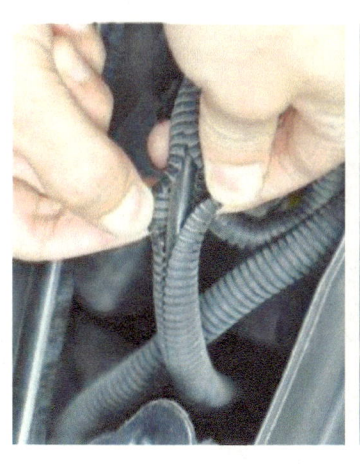

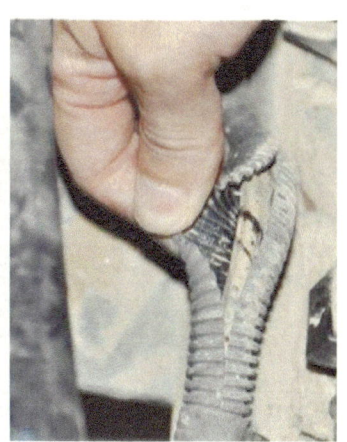

图 4-87　线束浸水与不浸水的区别

（2）驾驶舱检查　除了检查发动机舱外，我们还需检查驾驶舱内部是否存在水浸泡的痕迹，主要是座椅底座、脚垫下方、密封条、出风口等几个部位。可以用手扒开密封条夹缝，检查是否有泥沙沉淀的痕迹；可掀开脚垫检查表面是否有泥沙、水迹等浸泡的痕迹。

（3）行李舱检查　鉴别浸水车还需要检查行李舱，包括检查行李舱底部、周围及密封条等部位是否存在水浸泡的痕迹，如果发现有明显浸泡痕迹，就可以判断该车属于浸水车。

三、工作计划与决策

将全班同学分组，四人一组，分别扮演客户和工作人员，根据客户车辆状况和需求情况，制订车辆鉴定、评估和交易计划，与客户进行沟通，并填写练习册中的表4-2。

四、任务实施

在教师的指导下完成工作计划：

1）完成表4-2中的内容。
2）各组学生互相监督完成车体外观、驾驶区域检查。
3）各组学生互相监督完成发动机舱、底盘区域检查。

五、评价反思

请扫下方二维码进行评价。

六、巩固与练习

具体内容见练习册第9页。

任务五 车辆动态检查

✏️ 学习情境

客户李先生准备购置一辆二手车，评估师小王之前已经进行了车辆的静态检查，现在需要对车辆进行动态检查，以确保车辆各个方面没有太大的问题，让客户能够买到心仪的汽车。

✏️ 任务分析

二手车技术状况的动态检查就是车辆在工作状态下的检查。通过对各种工况的检查，以鉴定车辆的技术状况。在汽车技术状况的动态检查过程中，主要根据检查人员的经验和技能，辅之以简单的器具和量具。对车辆进行动态检查，可以进一步确定车辆的各项技术性能状态，这也是汽车鉴定评估的必需的重要项目。

✏️ 学习目标

知识目标

1）能描述车辆动态检查的内容。
2）能描述车辆动态检查的常见问题。

技能目标

1）能够对车辆进行动态检查。
2）能够准确把握车辆动态检查中遇到的问题。

素养目标

1）通过工作任务的实施，培养学生的观察能力。
2）通过车辆动态检查的学习，培养学生的责任意识。

✏️ 学习任务

对车辆进行动态检查。

一、学习准备

车辆准备：实训车辆。

资料准备：学习资源、二手车路试检查表单、学习活动过程评价表、综合评价表。

学生准备：学生分组。

二、信息收集

隐患无大小，安全大于天。二手车不比新车，车况再怎么好的都可能存在隐患，没有百分百完美的二手车，只是还未被发现。之所以叫做二手车隐患，就代表着还未发生故障，但对于二手车评估师来说，一定要检查出二手车的这些隐患，这事关消费者的行车安全。对二手车进行动态检查能更好地发现这些安全隐患，我们要认真学习二手车的动态检查技术，为买家的安全负责。

1. 进行动态检查

车是用来开的，静态检查只能作为参考，在车辆手续齐全的前提下把车开上不同的路况可以直观评价车辆的各项性能（见图5-1）。动态检查一般需要检查车辆的动力性能、操控性能、制动性能、滑行性能、舒适性及排放情况等。

（1）试车前检查

1）环车检查。绕车一周，确认车辆姿态端正，四个车轮充气正常，检查车底无漏油现象，四个减振器无渗漏现象。检查车辆行驶证、车牌、年检标志、保险有效期限，确保车辆可以合法上路，如果车辆手续不全则只能在封闭的内部道路进行路试。

图5-1 二手车动态试验

2）发动机舱检查及确认。本着对自己和车主负责的态度，评估师在起动车辆前必须仔细检查或确认发动机舱的"五油三液"是否合规，避免冒失起动车辆造成不可逆的损失。"五油"是指机油、制动器油、汽油、变速器油和转向助力油，"三液"是指风窗玻璃清洗液、防冻液、电解液。如果已经对发动机舱进行了静态检查，只需要打开发动机舱盖确认检查结果即可。

二手车动态鉴定-油液检查

打开发动机舱盖应闻不到明显的汽油味，检查制动器油、防冻液的储液罐液面位置，介于 MAX 和 MIN 之间即可，储液罐表面无明显渗漏，打开储液罐瓶盖无异味、无杂质。

机油和变速器油的液面位置大多需要拔出标尺，部分车型将液面位置显示在中控屏。如图 5-2 所示，车辆静置 15min 以上，拔出机油标尺擦干净后插入再拔出，检查油面高度，油面高度应该在"H"到"L"之间。

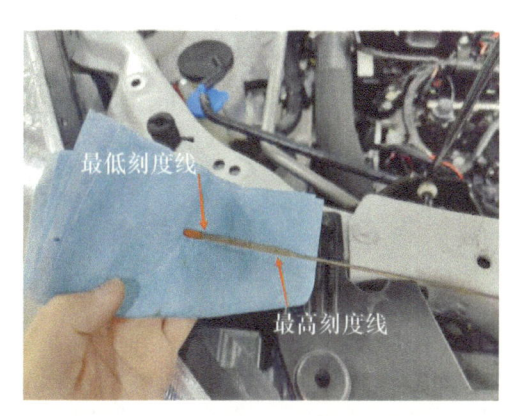

图 5-2　检查机油刻度示意图

一般来说，变速器油更换周期为 60000km 以上，而机油 5000~10000km 就得更换，所以评估师可以通过查验机油保养情况推测发动机工况。可以拿出一张机油检测滤纸，没有滤纸可以用白纸巾代替，拔出机油标尺滴一滴机油在纸上，观察机油颜色和扩散情况（见图 5-3）。好的机油呈现浅褐色，深褐色的机油仍然可以用，而黑色的机油建议更换。观察机油在滤纸上的扩散情况，如果这滴机油扩散的圆圈

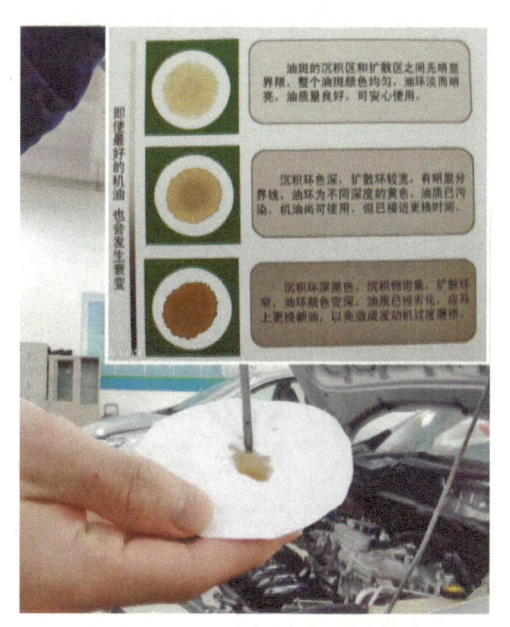

图 5-3　检查机油颜色示意图

很大，说明机油黏度已经很低了，机油的增稠剂失效，需要更换；如果扩散的圆圈很小，或者基本没什么扩散，说明机油杂质太多。机油里面的添加剂对积炭等杂质有分散作用，如果这滴机油在滤纸上润出来的圆圈呈现从深到浅均匀的变化，说明机油添加剂还没有失效，对积炭还有分散作用；如果圆圈的颜色变化明显，深浅颜色有明显的界限，说明添加剂失效，需要更换。

机油在使用过程中会氧化变质，加上零件磨损生成的金属磨粒、空气中杂质进入油箱和燃油不完全燃烧生成物进入机油，导致颜色加深，是正常现象。由于发动机中有积炭和油泥，在行驶 1000~2000km 后出现油品变黑，也属于正常现象。如果出现其他颜色都是不正常的现象。

检查机油加注口，拧下加油口盖，将它翻过来观察底部，这可以在加油口盖底部看到旧油甚至脏油的痕迹。机油加注口底部油污很明显（见图5-4），说明发动机保养较差。机油中有较多杂质，说明发动机内机械部件磨损严重。假如发现机油的颜色变灰、变白或有乳化现象（见图5-5），说明机油中混进水，如果发现此现象则重点检查一下车辆，可能是以下四种情况：

①机油中进水后造成机油乳化，会导致润滑不良，油泥生成量增加，也会引起发动机腐蚀，严重的会造成烧瓦事故。

②发动机内部渗漏，造成发动机冷却液混入机油中，使机油中含有水。

③发动机曲轴密封不好，导致进水。

④发动机温度低，燃烧尾气中的水分进入机油，得不到及时蒸发，在机油中陈积。

图5-4 机油加注口严重的油污现象　　图5-5 机油加注口严重的乳化现象

需要注意的是，有些车辆使用的不是液压助力转向系统，如EPS转向系统，则发动机舱没有转向助力油储液罐。玻璃水主要用途是清洗前后风窗玻璃，储液罐只要有玻璃水即可，在寒冷地区需要测试玻璃水的冰点，这是防止车辆外出时玻璃水结冰而烧坏马达。电解液是车载蓄电池的电解质，现阶段大部分车辆使用免维护蓄电池，不能自主添加电解液，车辆一般3~5年更换一次蓄电池，可通过观液孔呈现的颜色来判别蓄电池是否正常。

（2）起动检查

1）仪表的检查。把点火开关打到ON的位置，不起动发动机，仪表上所有的指示灯都应该亮起（见图5-6），有些是亮起一两秒就熄灭，这是系统自检后自动熄灭，属正常现象。发动机起动后除驻车制动灯（没松驻车制动）、安全带警告灯（没系安全带）外其余所有指示灯都应熄灭，行驶过程中所有指示灯都应熄灭,电控系统有问题指示灯才亮起,如图5-7所示,胎压不正常,胎压监测灯亮起。如发现不正常情况,红色指示灯需要及时排查,黄色指示灯需要及时注意。车辆起动之后,绕车看一下灯光,如转向指示灯、制动灯、前照灯,看工作是否正常。

图5-6 点火开关处于ON的位置时仪表所有指示灯亮起

图5-7 胎压监测灯亮起

2)灯光的检查。灯光检查看似简单,但是很重要,评估师需要检查所有的灯光,确保所有灯光功能正常,提高车辆在黑夜行驶时的安全性。灯光的检查项目包括近光灯、远光灯、示廓灯、前后雾灯、双闪警告灯和制动灯等，灯光应完整、清晰、有效（见图5-8）。检查方法是双人配合，一人在车内操作灯光开关，一人在车外观察记录灯光工作情况（见图5-9）。

图5-8 前照灯功能示意图

图5-9 双人配合灯光检查

前照灯常见问题如下：

①接通前照灯后，假如只有一侧前照灯较亮，而另一侧灯光暗淡，很可能是暗淡一侧的前照灯的灯头接触不良或锈蚀，使接触电阻增大，或者灯光暗淡一侧的前照灯的反射镜发生了氧化或积有灰尘。

②如发现前照灯出现雾气，有两种可能：一是进水，车灯密封不良；二是温差或高湿度潮气造成。

③如果前照灯根本不亮，而喇叭能响，除前照灯外其他车灯都能正常点亮，说明的确存在故障，可能是前照灯电路短路、接线柱松脱、灯丝脱落等。

④如果前照灯只有远光而无近光，或只有近光而无远光，说明故障可能是前照灯双丝灯泡中某灯丝已被烧断，远、近光电路中存在有短路以及变光开关损坏等。

3）听发动机噪声分辨二手车况。起动发动机，可以通过听声音来判定其状况如何。分析发动机噪声原因比较复杂。噪声的来源有些是内部零部件的正常磨损造成的，有些是人为疏忽造成的，如曾经漏光过机油、防冻液或超过保养里程数限定数倍仍未保养等原因。如遇到此类车辆，购买之后解决的办法只能是更换部分零部件。

鉴于现在中高档车的隔声效果不错，嘈杂的环境中不容易听出所以然来，因此，可以通过发动机听诊器来放大发动机内部噪声，快速找到发动机异响的部位和零件（见图5-10）。

起动发动机的过程中，起动机不应出现尖啸声；发动机起动后的怠速"突突"声均匀平稳，无异常响声；然后，可以轻踩加速踏板，让发动机转速缓缓提高，过程中应无杂音；发动机转速超过最高功率转速后，噪声一般都比较大，但如果出现金属摩擦声，就可能有异常情况；当快速踩下加速踏板后，发动机转速提升的声音应顺畅无阻。

以上情况都正常的话，再将车辆在复杂路况下行驶5~10min，停稳后怠速仍应稳定在原怠速，声音也应与之前相同。

4）通过尾气定性检测。尾气的专业检测需要专业仪器，一般二手车过户会在监测站进行检测。这里说的尾气定性检测是检测发动机是否有冒蓝烟、白烟、黑烟的情况（见图5-11）。

图5-10 维修技师使用发动机听诊器寻找异响位置

图5-11 尾气检测示意图

①尾气是蓝烟：表明气门油封失效，机油进了气缸燃烧室；还可能是活塞环与气缸壁间隙过大或活塞环断裂等故障；或是由于发动机润滑系统的密封件老化及损坏，造成机油泄漏，消耗过多的机油。

②尾气是白烟：如果排出白烟的同时防冻液也减少，说明发动机水道或气缸垫损坏，冷却液进入气缸燃烧；如果排出的白烟伴有很浓的汽油味，说明某个缸或某几个缸有大量液态汽油进入气缸无法点燃就进入排气管，与其他气缸排出的废气混合后呈白色雾状排出。排气管冒太多白烟，绝对是不正常的，必须尽快检修。

③尾气是黑烟：一般是由于发动机的空燃比不正确和积炭，可以理解成发动机气缸内的混合气中燃料的比例超出了正常的水平导致空燃比失常，致使燃烧不充分。

（3）路试检查

1）路试时间最好为10~15min。如在旧车市场，可选择市场以外的道路，因为路试时间长，可以反映出车辆在不同行驶状态时的性能。

2）原地起步加速行驶，猛踩加速踏板看提速是否敏感；在坡路上检查车辆提速是否有劲，如果表现不佳，则说明发动机功率不足。车辆使用时间长，磨损加剧，都会损失功率，这是不可避免的。路试时，最好检查高速行驶时实际车速和表显参数上的差别，差距不应过大。

3）手动档车的离合器应该接合平稳，分离彻底。离合器常出现的故障是打滑和分离不彻底，这些会造成挂档困难、行驶无力、爬坡无力、变速器齿轮发出撞击声、起步抖动等。

4）宽敞路面上，以15km/h速度行驶，转向盘向左、右转动，看是否灵活，能否自动回正，撒开转向盘不应跑偏。

5）制动检查时，以20km/h车速行驶，急踩制动踏板然后松开，不应出现跑偏迹象；50km/h车速时紧急制动，车辆应能立即减速，不应有跑偏迹象；同时检查驻车制动。

6）滑行性能检查时，以30km/h速度行驶，摘空档后，检查滑行距离，一般轿车应不少于150m。

7）检查主减速器时，以40km/h速度行驶，突然松开加速踏板，接着猛踩加速踏板，看主减速器是否发出较大的声响。

8）传动检查时，应以50km/h速度行驶，摘空档滑行，根据滑行距离估计车辆的传动效率是否高，不应有明显的阻滞情况。

9）检查减振系统时，应特意把车辆开到不平整路面，或多弯的路面，如果有强烈的颠簸感觉，甚至发出沉闷的响声，都说明减振系统有问题。

10）进行半轴球笼的检查。使用一定年限的车辆球笼会磨损，在过弯时注意听底盘有无异响。

11）进行下摆臂、平衡杆胶套的检查。把车开到有减速带的地方，过减速带时注意底盘的上下冲击声音，如果有特别硬的冲击声，有可能是下摆臂、平衡杆胶套磨损、破裂引起的。一般家用轿车6年以上就可能出现下摆臂胶套破裂的故障。

2. 进行车辆专项重点检查

（1）制动性和操控性路试检查

1）检查汽车制动性能。汽车起步后，先轻踩一下制动踏板检查是否有制动；将车加速至 20km/h 进行一次紧急制动，检查制动是否可靠，有无跑偏、甩尾现象；再将车加速至 50km/h，先用点刹的方法检查汽车是否立即减速、是否跑偏，再用紧急制动的方法检查制动距离和跑偏量。机动车在规定的初速度下的制动距离和制动稳定性应符合表 5-1 所列要求。可见乘用车制动初始速度为 50km/h 时，制动距离一般不超过 20m 为正常。

当踩下制动踏板时，若制动踏板或制动鼓发出冲击或尖叫声，则表明制动摩擦片可能磨损，路试结束后应检查制动摩擦片的厚度。

若踩下制动踏板有海绵感，则说明制动管路进入空气，或制动系统某处有泄漏，应立即停止路试。

表 5-1　机动车制动性能要求

机动车类型		制动初速度 /（km/h）	制动距离 /m		试车道宽度 /m
			满载	空载	
三轮汽车		20	≤5.0		2.5
乘用车		50	≤20.0	≤19.0	2.5
总质量≤3500kg	低速汽车	30	≤9.0	≤8.0	2.5
	一般汽车	50	≤22.0	≤21.0	2.5
其他汽车、汽车列车		30	≤10.0	≤9.0	3.0
轮式拖拉机运输机组		20	≤6.5	≤6.0	3.0
手扶变形运输机		20	≤6.5		2.3

2）检查汽车行驶稳定性。车速以 50km/h 左右中速直线行驶时，双手松开转向盘，观察汽车行驶状况。此时，汽车应该仍然直线行驶并且不明显转到某一边。无论汽车转向哪一边，都说明汽车的转向轮定位不准，或车身、悬架变形。

以 90km/h 以上车速高速行驶时，观察转向盘有无摆动现象，即所谓的"汽车摆头"。若汽车有高速摆头现象，通常意味着存在严重的车轮不平衡或不对中问题。汽车摆头时，前轮左右摇摆沿波形前进，严重地破坏了汽车的平顺性，直接影响汽车的行驶安全，增大轮胎的磨损，故该汽车只能以较低的速度行驶。选择宽敞的路面，左右转动转向盘，检查转向是否灵活、轻便，若转向沉重，说明汽车转向机构各球头缺油或轮胎气压过低。对于带助力转向的汽车，转向沉重可能是动力转向泵和齿轮齿条磨损严重，而要修理或更换转向齿条相当贵。

动力转向问题有时还靠转向盘转动时的嘎吱声来识别，发出这种声音可能仅仅是转向油液面过低。

转向盘最大自由转动量不允许大于15°（最高设计车速不小于100km/h的机动车）。若转向盘的自由转动量过大，意味着转向机构磨损严重，使转向盘的游动间隙过大，从而导致转向不灵。

3）检查汽车行驶平顺性。将汽车开到粗糙、有凸起的路面行驶，或通过有伸缩接缝的铁轨或公路时，感受汽车的平顺性和乘坐舒适性。通常汽车排量越大，行驶越平顺，但燃油消耗也越多。

当汽车转弯或通过不平的路面时，倾听是否有忽大忽小的嘎吱声或低沉噪声从汽车前端发出。若有，可能是滑柱或减振器固定装置松旷，或轴衬磨损严重。汽车转弯时，若车身侧倾过大，则可能是横向稳定杆衬套或减振器磨损严重。

在前轮驱动的汽车上，若车辆前部行驶时发出咯哒声、沉闷金属声、滴答声，则可能是等速万向节已磨损，需要维修。而等速万向节维修费用昂贵，和变速器大修费用差不多。

4）检查汽车滑行能力。在平坦的路面上进行汽车滑行试验，将汽车加速至30km/h左右，踩下离合器踏板，将变速器挂入空档滑行，其滑行距离应符合技术要求；否则说明汽车传动系的传动阻力大，传动效率低，油耗增大，动力不足。汽车越重，其滑行距离越远。将汽车加速至初始车速40~60km/h迅速抬起加速踏板，检查有无明显的金属撞击声，如果有说明传动系统间隙过大。

5）检查风噪声。逐渐提高车速，使汽车高速行驶，倾听车外风噪声。风噪声过大，说明车门或车窗密封条变质损坏，或车门变形密封不严，很可能是整形后的事故车。

通常，车速越高，风噪声越大。对于空气动力学性能好的汽车，其密封和隔声性能好，风噪声较小；而对于空气动力学性能较差的汽车或整形后的事故车，风噪声一般较大。

6）检查驻车制动。选一坡路，将车停在坡中，拉上驻车制动，观察汽车能否停稳，有无滑溜现象。通常驻车制动力应不小于整车重量的20%。

（2）自动变速器的路试检查

1）自动变速器路试前的准备工作。在道路试验之前，应先让汽车以中低速行驶5~10min，使发动机和自动变速器都达到正常工作温度。

2）检查自动变速器升档。将操纵手柄拨至前进档（D）位置，踩下加速踏板，使节气门保持在 1/2 开度左右，让汽车起步加速，检查自动变速器的升档情况。自动变速器在升档时发动机会有瞬时的转速下降，同时车身有轻微的闯动感。正常情况下，随着车速的升高，应能感觉到自动变速器能顺利地由 1 档升入 2 档，随后再由 2 档升入 3 档，最后升入超速档。若自动变速器不能升入高档（3 档或超速档），说明控制系统或换档执行元件有故障。

3）检查自动变速器升档车速。将操纵手柄拨至前进档（D）位置，踩下加速踏板，并使节气门保持在某一固定开度，让汽车加速。当察觉到自动变速器升档时，记下升档车速。一般 4 档自动变速器在节气门开度保持在 1/2 左右时，由 1 档升至 2 档的升档车速为 25~35km/h，由 2 档升至 3 档的升档车速为 55~70km/h，由 3 档升至 4 档（超速档）的升档车速为 90~120km/h。由于升档车速和节气门开度有很大的关系，即节气门开度不同，升档车速也不同，而且不同车型的自动变速器各档位传动比的大小都不相同，其升档车速也不完全一样。因此，只要升档车速基本保持在上述范围内，而且汽车行驶中加速良好，无明显的换档冲击，都可认为其升档车速基本正常。若汽车行驶中加速无力，升档车速明显低于上述范围，说明升档车速过低（即过早升档）；若汽车行驶中有明显的换档冲击，升档车速明显高于上述范围，说明升档车速过高（即过迟升档）。

由于降档时刻在行驶中不易察觉，因此在道路试验中一般无法检查自动变速器的降档车速，只能通过检查升档车速来判断自动变速器有无故障。若有必要，还可检查其他模式下或操纵手柄位于前进低档位置时的换档车速，并与标准值进行比较，作为判断故障的参考依据。

升档车速太低一般是由控制系统故障所致；换档车速太高则可能是由控制系统的故障所致，也可能是换档执行元件出现故障。

4）检查自动变速器升档时发动机的转速。有发动机转速表的汽车在做自动变速器道路试验时，应注意观察汽车行驶中发动机转速变化的情况，它是判断自动变速器工作是否正常的重要依据之一。在正常情况下，若自动变速器处于经济模式或普通模式，节气门保持在低于 1/2 开度范围内，则在汽车由起步加速直至升入高速档的整个行驶过程中，发动机转速都低于 3000r/min。通常在加速至即将升档时，发动机转速可达到 2500~3000r/min，在刚刚升档后的短时间内发动机转速下降至 2000r/min 左右。如果在整个行驶过程中发动机转速始终过低，加速至升档时仍低于 2000r/min，说明升档时间过早或发动机动力不足；如果在行驶过程中发动机转速始终偏高，升档前后的转速在 2500~3500r/min 之间，而且换档冲击明显，说明升档时间过迟；如果在行驶过程中发动机转速过高，经常高于3000r/min，在加速时达到4000~5000r/min，甚至更高，则说明自动变速器的换档执行元件（离合器或制动器）打滑，需要对自动变速器进行拆修。

5）检查自动变速器换档质量。换档质量的检查内容主要是检查有无换档冲击。正常的自动变速器只能有不太明显的换档冲击，特别是电子控制自动变速器的换档冲击十分微弱。若换档冲击太大，说明自动变速器的控制系统或换档执行元件有故障，其原因可能是油路油压过高或换档执行元件打滑。若自动变速器有故障则需要维修。

6）检查自动变速器的锁止离合器工作状况。自动变速器中的变矩器锁止离合器工作是否正常也可以采用道路试验的方法进行检查。试验中，让汽车加速至超速档，以高于80km/h的车速行驶，并让节气门开度保持在低于1/2的位置，使变矩器进入锁止状态。此时，快速将加速踏板踩下至2/3开度，同时检查发动机转速的变化情况。若发动机转速没有太大变化，说明锁止离合器处于接合状态；若发动机转速升高很多，则表明锁止离合器没有接合，其原因通常是锁止控制系统有故障。

7）检查发动机制动功能。检查自动变速器有无发动机制动功能时，应将操纵手柄拨至前进低档（S、L或2、1）位置，在汽车以2档或1档行驶时，突然松开加速踏板，检查发动机是否有制动作用。若松开加速踏板后车速立即随之下降，说明有发动机制动作用，否则说明控制系统或前进强制离合器有故障。

8）检查自动变速器强制降档功能。检查自动变速器强制降档功能时，应将操纵手柄拨至前进档（D）位置，保持节气门开度为1/3左右，在以2档、3档或超速档行驶时突然将加速踏板完全踩到底，检查自动变速器是否被强制降低一个档位。在强制降档时，发动机转速会突然上升至4000r/min左右，并随着加速升档，转速逐渐下降。若踩下加速踏板后没有出现强制降档，说明强制降档功能失效。若在强制降档时发动机转速上升过高，达5000~6000r/min，并在升档时出现换档冲击，则说明换档执行元件打滑，自动变速器需要拆修。

（3）路试后的检查

1）检查各部件温度。

①检查油液温度：冷却液温度正常应不超过90℃；机油温度应不高于90℃；齿轮油温度应不高于85℃。

②检查运动机件过热情况：查看制动鼓、轮毂、变速器壳、传动轴、中间

轴轴承、驱动桥壳（特别是减速器壳）等，不应有过热现象。

2）检查"四漏"现象。

①要求在发动机运转及停车时散热器、水泵、气缸、缸盖、暖风装置及所有连接部位均无明显渗漏水现象。

②机动车连续行驶距离不小于10km，停车5min后观察，不得有明显渗漏油现象，检查机油、变速器和主减速器油、转向液压油、制动液、离合器油、液压悬架油等相关处有无泄漏。

③检查汽车的进气系统、排气系统有无漏气现象。

④检查发动机点火系统有无漏电现象。

三、工作计划与决策

将全班同学分组，四人一组，分别扮演客户和工作人员，制订车辆动态检查的路线与检查事项，与客户沟通车辆动态检查的工作计划，通过实训进行车辆动态检查，并填写练习册中的表5-2。

四、任务实施

在教师的指导下完成工作计划：

1）完成表5-2中的内容。

2）各组学生互相监督完成二手车动力性检查。

3）各组学生互相监督完成二手车制动性和操控性检查。

五、评价反思

请扫下方二维码进行评价。

六、巩固与练习

具体内容见练习册第11页。

任务六 新能源二手车技术鉴定

📝 学习情境

客户李先生准备购置一辆新能源二手车,要求评估师小王对拟购车辆的技术状况进行评估,以确保双方权益。

📝 任务分析

新能源汽车具有一定特殊性,与传统汽车的技术鉴定有所区别,由于车辆用户不同的操作习惯导致汽车的损耗不同,所以在购买新能源二手车时需对车辆进行检测评估,以确保物有所值。

📝 学习目标

知识目标

1)能描述新能源汽车的类型。
2)能描述新能源汽车鉴定评估的流程。
3)能说出新能源汽车技术鉴定的方法。

技能目标

能够根据新能源汽车鉴定评估流程进行技术鉴定。

素养目标

1)通过工作任务的实施,培养学生的观察能力。
2)通过学习新能源二手车的评估鉴定,增强学生的中国品牌意识。
3)通过学习新能源二手车的评估鉴定,增强学生的节能减碳意识。

📝 学习任务

对新能源二手车进行技术鉴定。

一、学习准备

车辆准备：实训车辆。

资料准备：学习资源、学习活动过程评价表、综合评价表、新能源纯电动二手车鉴定评估作业表、新能源纯电动二手车技术状况表。

学生准备：学生分组。

二、信息收集

随着我国新能源汽车的快速发展，中国品牌未雨绸缪，抢抓先机，走在了产业发展的最前端，成为我国新能源汽车发展的主力军。传统车企积极拥抱新能源汽车，实现快速转型，开启了中国品牌的崛起之路。数据显示，2024年新能源汽车在我国乘用车市场的渗透率将达到40%左右，这将带动新能源二手车交易需求扩大。因此，为进一步推进汽车的绿色低碳化发展，宣扬中国品牌，我们要认真学习新能源二手车的评估鉴定技术，贯彻落实相关标准，为助推新能源二手车市场走向规范和繁荣贡献自己的一份力量。

1. 新能源汽车的类型

新能源汽车是指采用非常规的车用燃料作为动力来源（或使用常规的车用燃料、采用新型车载动力装置），综合车辆的动力控制和驱动方面的先进技术，形成的技术原理先进，具有新技术、新结构的汽车。新能源汽车包括纯电动汽车、混合动力汽车、燃料电池电动汽车、增程式电动汽车等。

（1）纯电动汽车　纯电动汽车（Battery Electric Vehicles，BEV）是一种采用单一蓄电池作为储能动力源的汽车，它利用蓄电池作为储能动力源，通过电池向电机提供电能，驱动电机运转，从而推动汽车行驶，如图6-1所示。纯电动汽车的可充电电池主要有铅酸电池、镍镉电池、镍氢电池和锂离子电池等，这些电池可称为动力电池。

（2）混合动力汽车　混合动力汽车（Hybrid Electric Vehicle，HEV）是主要驱动系统由至少两个能同时运转的单个驱动系统组合而成的汽车，如图6-2所示。混合动力汽车的行驶功率主要取决于混合动力汽车的车辆行驶状态：一种是由单个驱动系统单独提供；另一种是通过多个驱动系统共同提供。

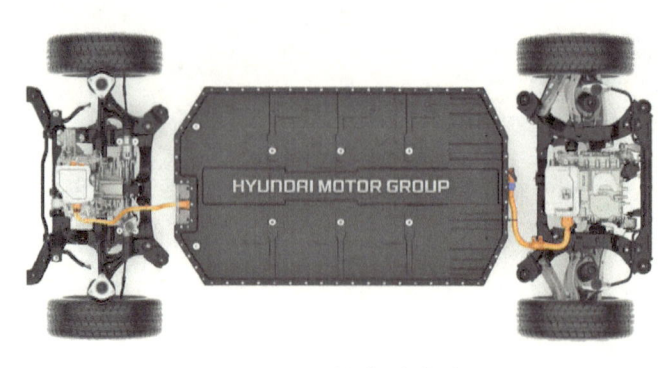

图 6-1　纯电动汽车

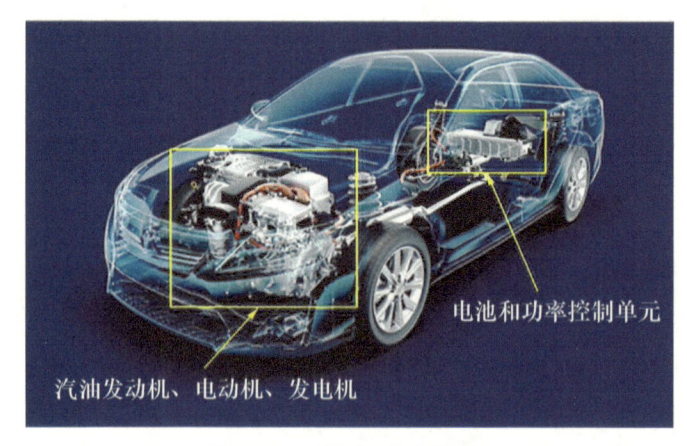

图 6-2　混合动力汽车

（3）燃料电池电动汽车　在催化剂的作用下，燃料电池电动汽车（Fuel Cell Electric Vehicle，FCEV）用氢气、甲醇、天然气等作为反应物与空气中的氧在电池中燃烧，进而产生电能为汽车提供动力源，如图 6-3 所示。从本质上来说，燃料电池电动汽车也属于电动汽车之一，在很多性能和设计方面和纯电动汽车都有很多相似之处，将其分为两类是由于燃料电池电动汽车是通过化学

图 6-3　燃料电池电动汽车

反应转化成电能，而纯电动车是靠充电补充电能。典型的氢燃料电池电动汽车动力系统结构如图6-4所示。

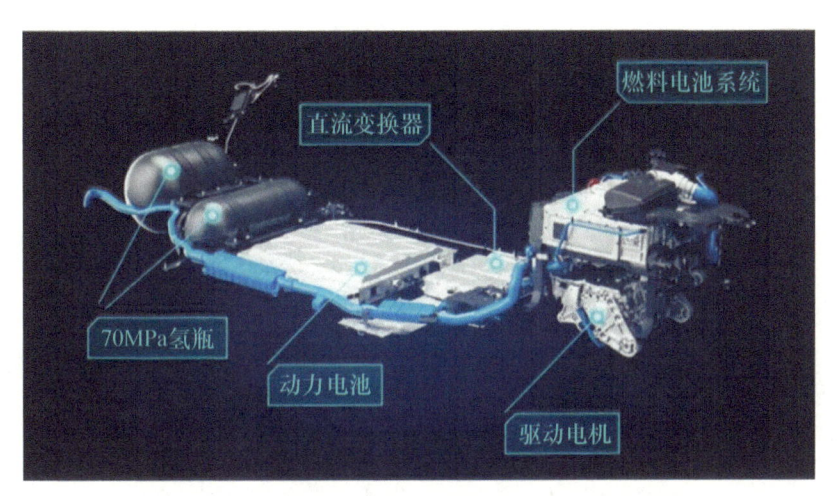

图6-4 氢燃料电池电动汽车动力系统结构

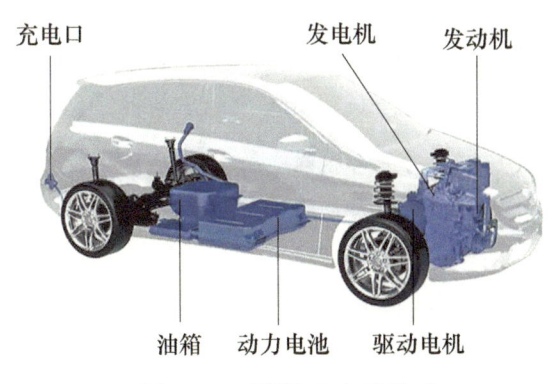

（4）增程式电动汽车　增程式电动汽车（Extended Range Electric Vehicle，EREV）与纯电动汽车相似，通过动力电池向电机提供动能，驱动电机运转，从而推动车辆行驶，如图6-5所示。然而，增程式电动汽车配有一台汽油或柴油发动机，在动力电池电量过低的情况下，由这台发动机驱动发电机，为动力电池充电，从而获得更长的续驶里程。从结构上来说，可以把增程式电动汽车理解为"串联式混合动力汽车"。

图6-5 增程式电动汽车

2. 纯电动汽车的基本结构

纯电动汽车（BEV）主要由车载电源模块、电力驱动主模块、辅助模块等部分组成。

纯电动汽车高压部件主要包括动力电池、驱动电机、电机控制器、空调压缩机、PTC 本体、DC/DC 变换器、车载充电机等，各高压部件均经过高压控制盒与动力电池连接，如图 6-6 所示。

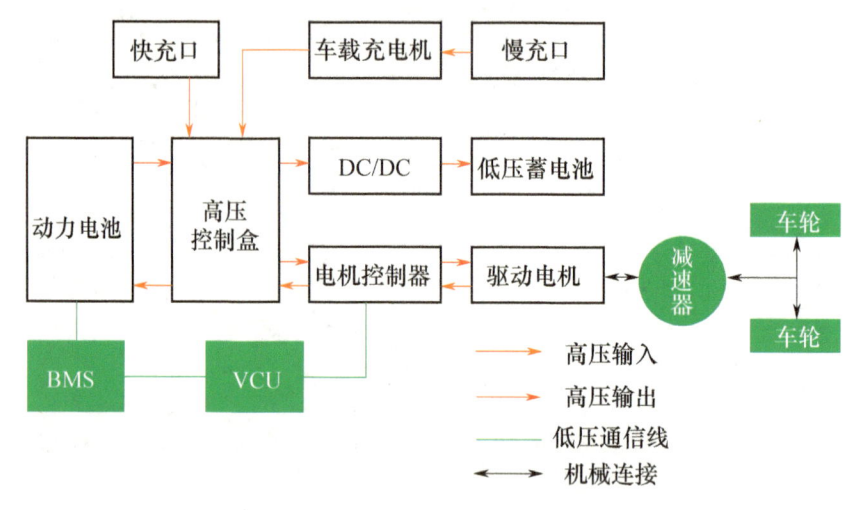

图 6-6 纯电动汽车高压部件连接关系

（1）车载电源模块　车载电源模块主要由动力电池、能源管理系统和充电控制器三部分组成。

1）动力电池。动力电池是纯电动汽车的唯一能源。它除了供给汽车驱动行驶所需的电能外，也向辅助动力源（低压蓄电池）提供能量来源。

2）能源管理系统。能源管理系统的主要功能是在汽车行驶中进行能源分配，协调各功能部分工作的能量管理，使有限的能源最大限度地得到利用。

3）充电控制器。充电控制器是把供电制式转换为对蓄电池充电要求的制式，即把交流电转换为相应电压的直流电，并按要求控制其充电电流。

（2）电力驱动主模块　电力驱动主模块主要由中央控制单元、驱动控制器、电机、机械传动装置组成，如图 6-7 所示。

1）中央控制单元。中央控制单元不仅是电力驱动主模块的控制中心，也要对整辆纯电动汽车的控制起到协调作用。

2）驱动控制器。驱动控制器功能是按中央控制单元的指令、电动机的速度和电流反馈信号，对电动机的速度、驱动转矩和旋转方向进行控制。

3）电机。电机承担着电动和发电的双重功能，电能转化为机械能，或者机械能转化为电能。

4）机械传动装置。机械传动装置的作用是将电动机的驱动转矩传输给汽车传动轴，带动车轮行驶。

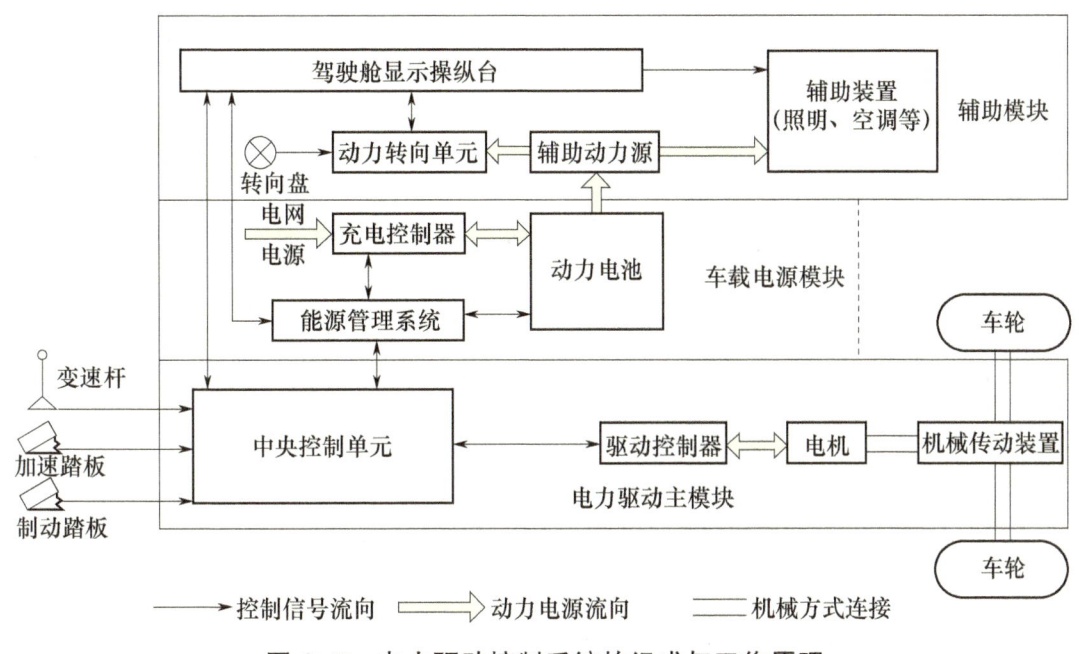

图 6-7 电力驱动控制系统的组成与工作原理

（3）辅助模块　辅助模块包括辅助动力源、动力转向单元、驾驶室显示操纵台和各种辅助装置等。

1）辅助动力源。辅助动力源主要由低压蓄电池和 DC/DC 功率变换器组成，功用是供给电动汽车上各种低压辅助装置所需动力电源。

2）动力转向单元。转向装置是为实现汽车的转弯而设置的，它由转向盘、转向器、转向机构与转向轮等组成。

3）驾驶舱显示操纵台。驾驶舱显示操纵台类似传统汽车仪表盘，不过显示信息内容会根据电动汽车驱动的控制特点有所增减。其信息指示更多采用数字或液晶显示屏。

4）辅助装置。纯电动汽车的辅助装置主要有照明装置、各种声光信号装置、车载音响设备、空调、刮水器、风窗除霜清洗器、电动门窗、电动后视镜调节器、电动座椅调节器、车身安全防护装置控制器等。它们主要是为了提高汽车的操控性、舒适性、安全性而设置的，根据需要进行选用。

3. 新能源二手车鉴定评估作业流程

二手车鉴定评估机构在开展新能源二手车鉴定评估经营活动时，按图 6-8 所示流程作业，并填写"新能源二手车鉴定评估作业表"。二手车经销、拍卖、经纪等企业开展业务涉及新能源二手车鉴定评估活动的，也可参照图 6-8 中的有关内容和顺序作业。

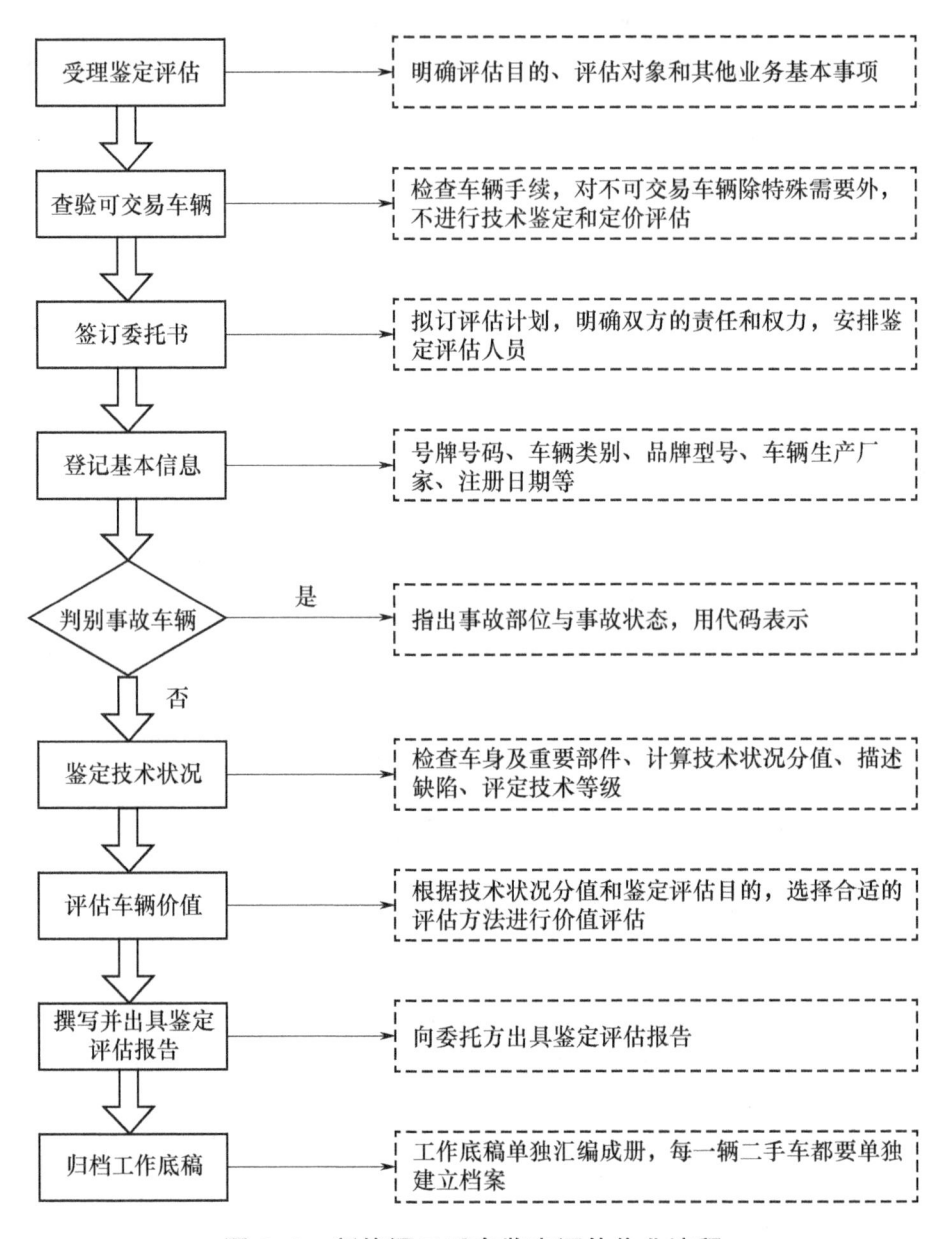

```
受理鉴定评估 ──→ 明确评估目的、评估对象和其他业务基本事项
     ↓
查验可交易车辆 ──→ 检查车辆手续，对不可交易车辆除特殊需要外，
                  不进行技术鉴定和定价评估
     ↓
签订委托书 ──→ 拟订评估计划，明确双方的责任和权力，安排鉴
              定评估人员
     ↓
登记基本信息 ──→ 号牌号码、车辆类别、品牌型号、车辆生产厂
                家、注册日期等
     ↓
判别事故车辆 ──是──→ 指出事故部位与事故状态，用代码表示
     ↓否
鉴定技术状况 ──→ 检查车身及重要部件、计算技术状况分值、描述
                缺陷、评定技术等级
     ↓
评估车辆价值 ──→ 根据技术状况分值和鉴定评估目的，选择合适的
                评估方法进行价值评估
     ↓
撰写并出具鉴定
   评估报告  ──→ 向委托方出具鉴定评估报告
     ↓
归档工作底稿 ──→ 工作底稿单独汇编成册，每一辆二手车都要单独
                建立档案
```

图 6-8　新能源二手车鉴定评估作业流程

（1）受理鉴定评估　作业流程的第一步是了解委托方及其车辆的基本情况，明确委托方要求，主要包括委托方要求的评估目的、评估基准日、期望完成评估的时间等。

1）查验机动车登记证书、机动车行驶证、机动车安全技术检验合格标志、车辆购置税完税证明、车船使用税缴付凭证、车辆保险单等法定证明是否齐全，并按照表 6-1 所列项目进行判别。

表 6-1　可交易车辆判别表

序号	检查项目	判别
1	未达到国家强制报废标准	□是　□否
2	未为抵押期间或海关监管期间	□是　□否
3	未处于人民法院、检察院、行政执法等部门依法查封、扣押期间的车辆	□是　□否
4	未确定为盗窃、抢劫、诈骗等违法范围手段获得的车辆	□是　□否
5	发动机号与机动车登记证书登记号码是否一致，且无凿改痕迹	□是　□否
6	车辆识别代号或车架号码与机动车登记证书登记号码是否一致，且无凿改痕迹	□是　□否
7	未确定为走私、非法拼组装车辆	□是　□否
8	未确定为法律法规禁止经营的车辆	□是　□否

2）如发现上述法定证明不全或表 6-1 所列检查项目中任何一项判别为"否"的车辆，应告知委托方，不需继续进行技术鉴定和价值评估（司法机关委托等特殊要求的除外）。

3）发现法定证明不全，或者表 6-1 所列第 1 项、第 4~8 项中任意一项判断为"否"的车辆应及时报告公安机关等执法部门。

（2）签订委托书　对相关证照齐全、表 6-1 所列检查项目全部判别为"是"的，或者司法机关委托等特殊要求的车辆，填写"新能源二手车鉴定评估委托书"。

（3）登记基本信息

1）登记车辆使用性质信息，明确营运与非营运车辆；

2）登记车辆基本情况信息，包括车辆类别、品牌型号、号牌号码、车辆生产厂家、注册日期、发证日期、表显行驶里程、动力性质等。如果表显行驶里程与实际车况明显不符，应在"新能源二手车鉴定评估报告"或"新能源二手车技术状况表"有关技术缺陷描述时予以注明。

（4）判别事故车

1）参照图 6-9 所示车体部位，按照表 6-2 所列要求检查车辆外观，判别车辆是否发生过碰撞、水泡、火烧，确定车体结构是否完好无损或者有事故痕迹。

2）使用漆膜厚度仪对车体覆盖件表面进行检测；使用全自动电子车身检测仪、车辆结构尺寸测量工具或设备对车体结构部件或车体左右对称性进行检测。

3）参照表 6-2、表 6-3 对车体状态进行缺陷描述，即序号（车体部位）+状态。例如 2BX，表示左 A 柱有变形痕迹。

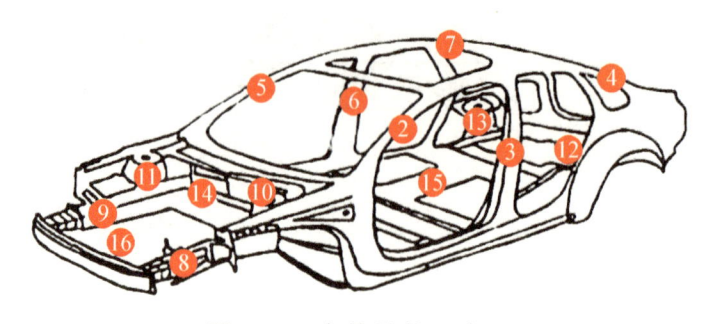

图 6-9 车体结构示意图

2—左A柱　3—左B柱　4—左C柱　5—右A柱　6—右B柱　7—右C柱　8—左前纵梁
9—右前纵梁　10—左前减振器座部位　11—右前减振器座部位　12—左后减振器座部位
13—右后减振器座部位　14—前围板部位　15—车底板部位　16—散热器框架部位

4）当表 6-2 中任何一个检查项目存在表 6-3 中对应的缺陷时，则判定该车为事故车。

表 6-2　车体部位代码表

序号	检查项目或车体部位	序号	检查项目或车体部位
1	车体左右对称性	10	左前减振器座部位
2	左A柱	11	右前减振器座部位
3	左B柱	12	左后减振器座部位
4	左C柱	13	右后减振器座部位
5	右A柱	14	前围板部位
6	右B柱	15	车底板部位
7	右C柱	16	散热器框架部位（非拆卸式）
8	左前纵梁	17	其他（只描述缺陷，不扣分）
9	右前纵梁		

表 6-3　车辆缺陷状态描述对应表

代表字母	BX	NQ	GH	SH	ZZ
缺陷描述	变形	扭曲	更换	烧焊	褶皱

（5）鉴定车辆技术状况

1）按照车身、驾驶舱、电控及仪表、路试、底盘、动力电池系统、电机及电控等项目顺序检查车辆技术状况。

2）根据检查结果确定车辆技术状况的分值。总分为各个鉴定项目分值累加，即鉴定总分 =∑ 项目分值，满分 100 分。

3）根据鉴定分值，参照表 6-4 确定车辆对应的技术状况等级。

表 6-4 车辆技术状况等级分值对应表

技术状况等级	分值区间
一级	鉴定总分≥90
二级	60≤鉴定总分<90
三级	20≤鉴定总分<60
四级	鉴定总分<20
五级	事故车=0

（6）评估车辆价值

1）根据车辆技术状况分值和技术等级，以及鉴定评估目的，选择评估方法，并对车辆价值进行评估。

2）评估方法选用原则。一般情况下，推荐选用现行市价法；在无参照物、无法使用现行市价法的情况下，选用重置成本法。

3）现行市价法的运用方法。评估价值为相同车型、配置和相同技术状况鉴定检测分值的车辆近期的交易价格；如无参照，可从本区域本月内的交易记录中调取相同车型、相近分值，或从相邻区域的成交记录中调取相同车型、相近分值的成交价格，并结合车辆技术状况鉴定分值加以修正。

4）当无任何参照物车辆时，使用重置成本法计算车辆价值。计算公式为：

$$车辆评估价值 = 更新重置成本 \times 综合成新率$$

①更新重置成本为在评估基准日购买一辆与被评估车辆车型、配置完全相同的新车并处于在用状况所花费的全部成本。

②综合成新率由年限成新率与技术鉴定成新率组成，即

$$综合成新率 = 年限成新率 \times \alpha + 技术鉴定成新率 \times \beta$$

式中，年限成新率＝预计车辆剩余使用年限/车辆使用年限（乘用车使用年15年，超过15年的按实际年限计算；有年限规定的车辆、营运车辆按实际要求计算）；技术鉴定成新率＝车辆技术状况分值/100；α、β 分别为年限成新率与技术鉴定成新率权重系数，由评估人员根据市场行情、动力电池剩余质保、是否可以更换动力电池等因素确定，且 $\alpha+\beta=1$。

5）在同款车型停产，更新重置成本难以计算的情况下，应选取型号、配置最接近的新车，并单独计算动力电池的价值，以此计算重置成本。

（7）撰写及出具鉴定评估报告

1）根据车辆技术状况鉴定登记价值评估结果等情况，按照要求撰写《新能

源二手车鉴定评估报告》，做到内容完整、客观、准确，书写工整。

2）按委托书要求及时向客户出具《新能源二手车鉴定评估报告》，并由鉴定评估师与复核人签字、鉴定评估机构加盖公章。

（8）归档工作底稿　将《新能源二手车鉴定评估报告》及其附件与工作底稿独立汇编成册，存档备查，每一辆二手车都要单独建立档案。档案保存一般不低于5年；鉴定评估目的涉及财产纠纷的，其档案至少应当保存10年；法律法规另有规定的，从其规定。

4. 新能源二手车技术状况鉴定

（1）车身外观

1）车身外观部位及对应序号见图6-10和表6-5的标示。参照图6-10标示，按照表6-5和表6-6所列要求检查序号18~106共89个项目，程度为1的扣0.5分，每增加一个程度加扣0.5分。共计15分，扣完为止。轮胎部分需高于程度4的标准，不符合标准时扣1分。

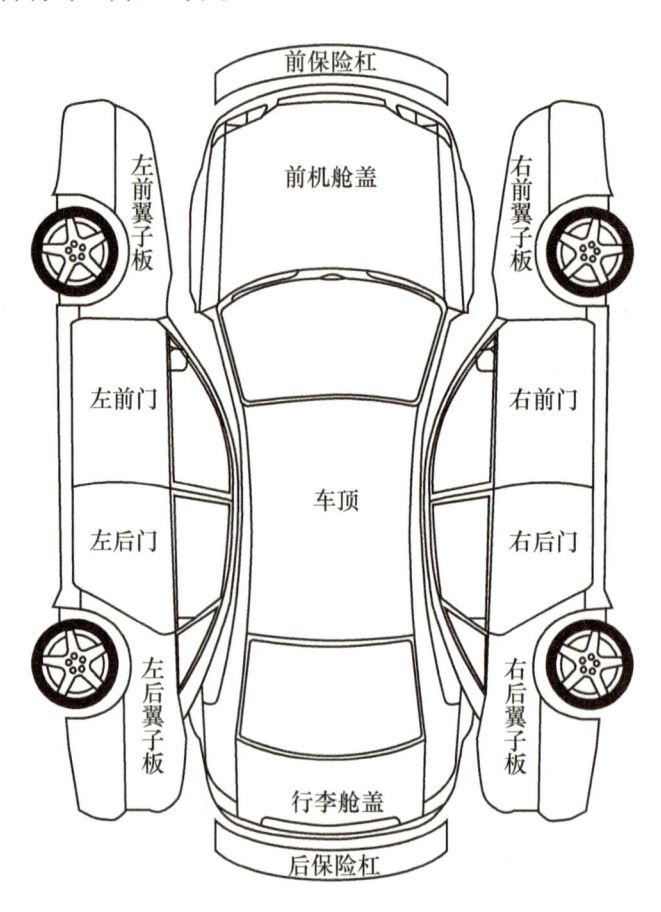

图6-10　车身外观展开示意图

2）使用全自动电子车身检测仪、车辆外观缺陷测量工具或者漆膜厚度仪结合目测法对车身外观进行检测。

3）参照表6-5、表6-6描述缺陷，车身外观检查项目的描述方式为：序号（车身部位）+状态+程度。

表6-5　车身外观检查项目表

序号	外观部位	序号	外观部位
18	车顶	46	右前门锁
19	车顶密封条	47	左后门锁
20	天窗	48	右后门锁
21	左侧底大边	49	左前车门密封条
22	右侧底大边	50	右前车门密封条
23	左A柱	51	左后车门密封条
24	右A柱	52	右后车门密封条
25	左B柱	53	左前车窗玻璃密封条
26	右B柱	54	右前车窗玻璃密封条
27	左C柱	55	左后车窗玻璃密封条
28	右C柱	56	右后车窗玻璃密封条
29	左前翼子板	57	左前车门外拉手
30	右前翼子板	58	右前车门外拉手
31	左后翼子板	59	左后车门外拉手
32	右后翼子板	60	右后车门外拉手
33	左前翼子板内衬	61	左前车门铰链
34	右前翼子板内衬	62	右前车门铰链
35	左后翼子板内衬	63	左后车门铰链
36	右后翼子板内衬	64	右后车门铰链
37	左前车门	65	左前减振器支撑座
38	右前车门	66	右前减振器支撑座
39	左后车门	67	左后减振器支撑座
40	右后车门	68	右后减振器支撑座
41	左前车窗玻璃	69	前风窗玻璃
42	右前车窗玻璃	70	后风窗玻璃
43	左后车窗玻璃	71	前风窗玻璃密封条
44	右后车窗玻璃	72	后风窗玻璃密封条
45	左前门锁	73	前刮水片

（续）

序号	外观部位	序号	外观部位
74	后刮水片	91	右后视镜
75	前刮水器摇臂	92	左前轮毂
76	后刮水器摇臂	93	右前轮毂
77	前保险杠	94	左后轮毂
78	后保险杠	95	右后轮毂
79	车标	96	左前轮毂罩
80	前机舱盖	97	右前轮毂罩
81	前机舱盖锁止开关	98	左后轮毂罩
82	前机舱盖铰链	99	右后轮毂罩
83	前机舱盖密封条	100	左前轮胎
84	前机舱盖支撑杆	101	右前轮胎
85	行李舱盖	102	左后轮胎
86	行李舱盖铰链	103	右后轮胎
87	行李舱盖密封条	104	备胎支架
88	行李舱锁	105	充电接口及护盖
89	行李舱外拉手	106	其他（只描述缺陷，不扣分）
90	左后视镜		

表 6–6 车身外观状态描述对应表

代表字母	HH	BX	XS	LW	AX	XF
缺陷描述	划痕	变形	锈蚀	裂纹	凹陷	修复痕迹
程度	1——面积≤100mm × 100mm					
	2——100mm × 100mm < 面积≤200mm × 300mm					
	3——面积 >200mm × 300mm					
	4——轮胎纵向花纹深度 <1.6mm					

二手新能源车动力电池的外观检查

（2）动力电池系统

1）采用目视方法对动力电池系统进行外观检查，并确认动力电池系统基本数据（电池厂家、型号、额定电压、额定容量/能量）与原厂数据相一致；评估前需检查车辆充电功能，确保可正常进行交流、直流充电。

2）采用电脑解码器（整车诊断仪）读取动力电池系统数据，进行动力电池系统基本性能检查，确认无电压、温度、绝缘等故障报警。

3）采用电量评估法测量动力电池系统可充入电量，或者采用容量评估法测量动力电池系统实际容量，并确认电池管理系统功能，实现动力电池系统评估。

4）依据车辆用户出具的经过认定的或者车辆生产厂家、第三方监控平台提供的历史数据，从驾驶行为、充电行为和环境因素等方面进行动力电池系统辅助评估。

5）在评估过程中还需考虑动力电池系统质保年限、质保里程等相关因素。

6）评定方法：电池系统共计30分，其中外观检查5分，综合性能评价20分，电池质保评价5分。

①外观检查。按表6-7要求检查序号107~118共12个项目，选择A不扣分，其中107~111项选择C扣5分，112~117项选择C扣1分，共计5分，扣完为止。

表6-7 动力电池系统外观检查项目表

序号	检查项目	A	C
107	电池铭牌与出厂的基本数据一致	是	否
108	无起火痕迹	是	否
109	无腐蚀痕迹	是	否
110	无浸水痕迹	是	否
111	电池箱是原厂配件	是	否
112	电池箱固定件无松动、破损	是	否
113	电池冷却系统无渗漏、损坏	是	否
114	电池系统插接件无异常（松动、脱落、变形、腐蚀）	是	否
115	直流充电插座无异常（松动、脱落、变形、腐蚀）	是	否
116	交流充电插座无异常（松动、脱落、变形、腐蚀）	是	否
117	电池高低压线束及防护无破损腐蚀	是	否
118	其他（只描述缺陷，不扣分）		

②综合性能评价。综合性能评价包括电池当前电量（容量）状态及历史行为评估两部分，即

综合性能评价值 R = 电量（容量）可用状态 × 历史使用影响因素系数

其中，电量（容量）可用状态的计算公式如下：

电量可用状态：$E_s = (E_c - E_{end})/(E_r - E_{end})$

如果 $E_c \geq E_r$ 时 $E_s = 1$，$E_c \leq E_{end}$ 时 $E_s = 0$；

容量可用状态：$C_s = (C_c - C_{end})/(C_r - C_{end})$

如果 $C_c \geq C_r$ 时 $C_s = 1$，$C_c \leq C_{end}$ 时 $C_s = 0$；

式中，E_c（C_c）为实际电量（容量），是实际测试电量（容量）或通过历史数据估算值；E_r（C_r）为额定电量（容量），是新车公告的电量（容量）；E_{end}（C_{end}）为电池寿命终止电量（容量），是达到电池寿命终止的电量（容量），按国家标准或厂家电池质保的电量（容量）。

电量（容量）可用状态评分表见表6-8。

表6-8 电量（容量）可用状态评分表

序号	检查项目	分值
119	电量（容量）可用状态（E_s/C_s）	

a）实际电量 E_c 的测量方法。在室温（25℃±5℃）下按照以下顺序进行充电测试：将动力电池系统调整至车辆所能达到的最低SOC；将动力电池系统充电至满电状态，记录充入的电量 E；如采用交流充电时，计算充入实际电量需考虑车载充电机的转换频率，实际电量 E_c 采用公式 $E_c = E \times$ 车载充电机的转换效率进行计算。

b）实际容量 C_c 的测量方法。在室温（25℃±5℃）下按照以下顺序进行充放电测试：

先放电，将动力电池系统调整至车辆所能达到的最低SOC，或者使用放电设备以IC或按照制造商推荐的放电机制放电至制造商规定的放电截止条件，静置30min；再充电，使用充电设备以IC充电至制造商规定的充电截止条件或按照制造商推荐的充电机制充满电，充电容量为 C_c。

c）基于历史数据的电量（E_c）、容量（C_c）估算法。评估机构优选实际测量方法，如果实际测量存在难度，可委托有相关技术能力和资质的第三方机构进行测量或者采用估算方法得到 E_c 或 C_c。评估机构如果采用历史数据进行电量、容量估算时，应取得车辆所有者授权，并在报告上注明数据来源、数据周期、评估方法、估算结果、估算结果置信度等信息。

历史使用影响因素系数是根据驾驶行为、充电行为和运行环境等因素进行评估所得的比例系数，依据车辆使用者出具的经过认定的电池数据或者车辆生产厂家、第三方监控平台等提供的电池运行数据求得，包括日均使用时间系数（$L1$）、次均充电SOC系数（$L2$）、快慢充比系数（$L3$）、运行温度在10℃~45℃的频次占比系数（$L4$）。

历史使用影响因素系数最大值为1。如果不能提供该历史数据，系数应取0.9。

其中，日均使用时间系数（$L1$）的确定可参照表6-9。

日均使用时间 = 车辆每日使用时间的平均值（T_{day}）

表6-9　使用时间因素评分表

序号	日均使用时间	$T_{day}<1h$	$1h \leq T_{day}<4h$	$T_{day} \geq 4h$
120	系数（$L1$）	0.98	1.0	0.97

次均充电SOC系数（$L2$）可参比最佳电池放电深度，见表6-10。

次均充电SOC = 所有充电结束SOC与充电起始SOC之差的平均值

表6-10　次均充电SOC评分表

序号	次均充电SOC	次均充电SOC<70%	次均充电SOC≥70%
121	系数（$L2$）	1.0	0.98

快慢充比系数（$L3$）可参比电池最佳充电倍率，见表6-11。

快慢充比 = 快充次数/慢充次数

表6-11　快慢充比评分表

序号	快慢充比	快慢充比<0.5	0.5≤快慢充比<1	快慢充比≥1
122	系数（$L3$）	1.0	0.98	0.95

运行温度在10℃~45℃的频次占比系数（$L4$）可参比电池最佳运行温度，见表6-12。

运行温度在10℃~45℃的频次占比 = 温度在10℃~45℃的运行时间/总的运行时间。

表6-12　运行温度频次占比评分表

序号	运行温度在10℃~45℃的频次占比	占比>60%	40%≤占比<60%	占比<40%
123	系数（$L4$）	1.0	0.98	0.95

综上，历史运行数据影响因素系数计算公式为：

$$L = L1 \times L2 \times L3 \times L4$$

综合性能评价值计算方法为：

$$R = E_s(C_s) \times L$$

参照表6-13，根据综合性能评价值R对动力电池系统进行评分，总计20分。

表 6-13 动力电池系统综合性能评价值评分表

序号	综合性能评价值 R	$R<0.1$	$0.1≤R<0.2$	$0.2≤R<0.3$	$0.3≤R<0.4$	$0.4≤R<0.5$	$0.5≤R<0.6$	$0.6≤R<0.7$	$0.7≤R<0.8$	$0.8≤R<0.9$	$R≥0.9$
124	综合性能评价值	0	3	6	8	10	12	14	16	18	20

③电池质保评价。电池质保评分计算电池的剩余质保时间比和剩余质保里程比，取二者最小值作为评分依据，见表 6-14。

电池质保评分 A 计算公式为：

$$A=A_s×5（保留1位小数）$$

式中，A_s 为电池质保评分系数，$A_s=\text{Min}(T_s,D_s)$，A_s 取值为 T_s 和 D_s 中的较小值。有以下关系：

$T_s=(T_{max}-T_c)/T_{max}$；如果 $T_c≥T_{max}$ 时，$T_s=0$；

$D_s=(D_{max}-D_c)/D_{max}$；如果 $D_c≥D_{max}$ 时，$D_s=0$；

式中，T_s 为剩余质保时间比；D_s 为剩余质保里程比；D_c 为车辆当前的行驶里程数（km）；D_{max} 为厂家提供电池质保里程数（km）；T_c 为车辆注册登记后的累计使用时间；T_{max} 为厂家提供的电池质保时间。

表 6-14 电池质保评分表

序号	检查项目	分值
125	电池质保评价 A	

（3）电机及控制器

1）采用目视方法对电机、控制器进行外观检查，并确认电机、控制器基本数据与原厂数据相一致；电机系统外观及高低压连接正常，电机无异响。

2）采用电脑解码器（整车诊断仪）读取电机系统数据，确认无电机系统故障报警。

3）检查评定方法：参照表 6-15 对电机系统进行外观检查，检查序号 126~135 共 10 个项目，选择 A 不扣分，其中 126~129 项选择 C 扣 5 分，130~134 项选择 C 扣 1 分，共计 5 分，扣完为止。

表 6-15 电机及控制器检查项目表

序号	检查项目	A	C
126	铭牌字迹和内容清楚，与出厂的基本数据一致	是	否
127	无起火痕迹	是	否

(续)

序号	检查项目	A	C
128	无腐蚀痕迹	是	否
129	无浸水痕迹	是	否
130	电机和控制器表面无碰伤、划痕	是	否
131	电机冷却系统无渗漏、损坏	是	否
132	电机系统插接件无异常（松动、脱落、变形、腐蚀）	是	否
133	电机系统高低压线束及防护无破损腐蚀	是	否
134	驱动电机和控制器安全接地检查合格	是	否
135	其他（只描述缺陷，不扣分）		

（4）驾驶舱 按照表6-16所列的要求检查序号136~158共23个项目，选择A不扣分；第136项选择C扣1.5分；第137、138、144项选择C扣0.5分；其余项目选择C扣1分。共计12分，扣完为止。

表6-16 驾驶舱检查项目表

序号	检查项目	A	C
136	车内无水泡痕迹	是	否
137	车内后视镜完整、无破损	是	否
138	座椅完整、无破损	是	否
139	座椅调节功能正常	是	否
140	座椅加热和通风功能正常	是	否
141	中控物理按钮功能正常	是	否
142	中控显示屏及触控外观完好	是	否
143	出风口无裂痕，配件无缺失	是	否
144	车内整洁、无异味	是	否
145	转向盘自由行程转角小于15°	是	否
146	车顶及周边内饰无破损、松动及裂缝和污迹	是	否
147	仪表台无划痕，配件无缺失	是	否
148	排档把手柄及护罩完好、无破损	是	否
149	储物盒无裂痕，配件无缺失	是	否
150	天窗移动灵活、关闭正常	是	否
151	门窗密封条完整、功能正常	是	否
152	安全带结构完整、功能正常	是	否
153	驻车制动系统灵活有效	是	否
154	玻璃窗升降器、门窗正常工作	是	否

（续）

序号	检查项目	A	C
155	左、右后视镜折叠装置工作正常	是	否
156	气囊完整、功能正常	是	否
157	头枕完整、无破损	是	否
158	其他（只描述缺陷，不扣分）		

（5）电控及仪表 按照表6-17所列要求，检查序号159~170共12个项目，选择A不扣分；第159、160项选择C扣1分；第161项选择C扣0.5分；第162~165项，选择C扣0.3分；第168~169项选择C扣5分。共计10分，扣完为止。

如检查第160项时发现仪表板指示灯显示异常或出现故障报警，则应查明原因，并在鉴定评估报告或技术状况表的技术状况缺陷描述中予以注明。

优先选用电脑解码器对车辆技术状况进行检测。

表6-17 电控及仪表检查项目表

序号	检查项目	A	C
159	车辆可正常上电（中控大屏和仪表点亮）	是	否
160	仪表板指示灯显示正常，无故障报警	是	否
161	各类灯光和调节功能正常	是	否
162	泊车辅助系统工作正常	是	否
163	制动防抱死系统（ABS）及各种扩展功能工作正常	是	否
164	空调系统风量及风向调节、分区控制、自动控制、制冷工作正常	是	否
165	车载摄像头能够正常识别并显示	是	否
166	车载电话/音响系统可连接并正常工作	是	否
167	车载智能系统（中控大屏）开启正常，无死机/黑屏等故障	是	否
168	电机起动正常（需要使用举升机或将车轮架起）	是	否
169	电机无异响，空档状态下逐渐增加电机转速，声音过渡无异响（需要使用举升机或将车轮架起）	是	否
170	其他（只描述缺陷，不扣分）		

（6）路试 按表6-18所列要求检查序号171~180共10个项目，选择A不扣分，选择C扣2分。共计15分，扣完为止。

如果检查第171项时发现动力系统故障，第175项制动系统出现制动距离长、跑偏等不正常现象，则应在鉴定评估报告或技术状况表的技术缺陷描述中予以注明，并提示修复前不宜使用。

对于路试，要求进行 20min 以上、5km 以上行驶里程的测试，分别完成新能源二手车的起步、加速、匀速、减速、紧急制动等各种工况的检测，通过从低速到高速、从高速到低速的行驶，检查新能源二手车的操纵性能、制动性能、减振性能、加速性能、电机噪声、底盘噪声等情况，以鉴定新能源二手车的技术状况。路试测试也可以在底盘测功机上进行检测。

表 6-18　路试检查项目表

序号	检查项目	A	C
171	动力系统正常，无故障报警	是	否
172	加速、动能回收工作正常	是	否
173	行车制动系统最大制动效能在踏板全行程的 4/5 以内达到（装有自动调整间隙装置）	是	否
174	行驶无跑偏	是	否
175	制动系统工作正常有效、制动不跑偏	是	否
176	行驶过程中车辆底盘部位无异响	是	否
177	行驶过程中车辆转向部位无异响	是	否
178	行驶过程中车辆电机部位无异响	是	否
179	行驶过程中电池电量和剩余里程正常递减无异常	是	否
180	其他（只描述缺陷，不扣分）		

（7）底盘　按表 6-19 所列要求检查序号 181~196 共 16 个项目，选择 A 不扣分，选择 C 时每个故障点减 1 分；第 195 项选择 C 扣 8 分。底盘部分共计 10 分，扣完为止。

表 6-19　底盘检查项目表

序号	检查项目	A	C
181	转向节臂球销无松动	是	否
182	三角臂球销无松动	是	否
183	传动轴防尘套无渗漏、无破损	是	否
184	转向机无损坏	是	否
185	万向节球笼无损坏	是	否
186	减振器无渗漏、无损坏	是	否
187	减振弹簧无破损	是	否
188	上摆臂无损坏	是	否

（续）

序号	检查项目	A	C
189	下摆臂无损坏	是	否
190	后桥缓冲胶套、防尘套无破损	是	否
191	制动盘无破损，无异常磨损	是	否
192	制动片无破损，无异常磨损，厚度符合要求	是	否
193	制动油管路无破损、无渗漏	是	否
194	制动鼓无破损，无异常磨损	是	否
195	电池箱外防护装置无变形	是	否
196	其他（只描述缺陷，不扣分）		

（8）功能性零部件 对表 6-20 中所列序号 197~210 零部件进行共 14 个项目检查，结构或功能损坏的，应在检测报告中进行缺陷描述；每个缺陷值减 0.5 分。其中功能性零部件部分共计 3 分，扣完为止。

表 6-20　功能性零部件检查项目表

序号	类别	零部件名称	序号	类别	零部件名称
197	随车附件	备胎	204	其他	机械式钥匙
198		千斤顶	205		遥控钥匙
199		轮胎扳手及随车工具	206		行李舱隔板
200		三角警示牌	207		汽车空调效果
201		灭火器	208		汽车音响品质
202		充电线缆或便携式随车充电器	209		制动液含水量
203		反光背心	210		防冻液冰点

（9）拍摄车辆照片 按照表 6-21 所列要求拍摄车辆照片，包含外观照片、驾驶舱照片、前机舱照片三类"标准照片"，以及缺陷部位带标尺的"附加照片"。

表 6-21　车辆拍照表

序号	具体部位	照片类型
1	正前视图	外观照片
2	正后视图	外观照片
3	左前 45°视图	外观照片
4	右后 45°视图	外观照片
5	充电接口及规格	外观照片

（续）

序号	具体部位	照片类型
6	底盘	外观照片
7	前机舱内	前机舱照片
8	前排座椅	驾驶舱照片
9	仪表盘	驾驶舱照片
10	后排座椅	驾驶舱照片
11	中控台	驾驶舱照片
12	车辆技术参数铭牌	驾驶舱照片
13	缺陷部位附加照片	附加照片

注：本内容来源于《TCADA 新能源乘用车二手车鉴定评估技术规范》。

三、工作计划与决策

将全班同学分组，四人一组，分别扮演客户和工作人员，进行新能源二手车鉴定，并填写练习册中的表 6-22、表 6-23。

四、任务实施

在教师的指导下完成工作计划：

1）完成表 6-22、表 6-23 中的内容。

2）各组学生互相监督完成新能源汽车鉴定评估。

3）各组学生完成新能源汽车鉴定评估报告。

五、评价反思

请扫下方二维码进行评价。

六、巩固与练习

具体内容见练习册第 24 页。

任务七 二手车价值评估

✏️ 学习情境

客户李先生想拿自己的旧车置换一辆新的。评估师小王对他的车辆进行了价值评估，并最终促成了二手车交易。

✏️ 任务分析

车主对车辆的性能进行检测之后，就需要评估人员根据客户需求，进行价值评估，以便客户进行二手车交易。

✏️ 学习目标

知识目标

1）能准确描述车辆价值估算的方法。
2）能描述不同价值估算方法的应用。

技能目标

1）能根据车辆情况选择合适的价值估算方法。
2）能运用车辆价值估算方法进行估价。

素养目标

1）通过任务的达成可以培养学生认真严谨的学习态度。
2）通过本次任务学习，培养学生廉洁自律、公正科学的工作态度。

✏️ 学习任务

对车辆进行价值评估。

一、学习准备

资料准备：学习资源、学习活动过程评价表、综合评价表。
学生准备：学生分组。

二、信息收集

对二手车鉴定评估的过程，不仅是原有价值重置和现实价值形成的过程，其背后还隐含着很多深层次的重要意义。首先，二手车属于特殊商品，其流通涉及车辆管理、交通管理、环保管理、资产管理等多个方面，目前我国对进入二级市场再流通的二手车有严格的规定，鉴定估价环节恰是防止非法交易发生的重要手段。其次，二手车进入市场再次流通属固定资产转移和处置范畴，按国家有关规定应缴纳一定的税费，二手车鉴定评估的准确与否直接关系到国家税收和财政收入的多少及其公正性、合理性。此外，有的车辆为国家和集体所有，因此对二手车的鉴定估价有时就是对国有资产的评估，评估结果直接关系到国有资产是否流失的问题。我们务必把握好二手车价值评估环节，确保二手车市场交易环境公平、公正、可持续地发展，切实维护国家和人民群众的一切合法权益。

1. 采用重置成本法进行车辆价值估算

（1）**重置成本的定义** 重置成本是购买一项全新的与被评估车辆相同的车辆所支付的最低金额。按重新购置车辆所用的材料、技术的不同，可把重置成本区分为复原重置成本（简称复原成本）和更新重置成本（简称更新成本）。

1）复原成本指用与被评估车辆相同的材料、制造标准、设计结构和技术条件等，以现时价格复原购置相同的全新车辆所需的全部成本。

2）更新成本指利用新型材料、新技术标准、新设计等，以现时价格购置相同或相似功能的全新车辆所支付的全部成本（如同款车加装天窗）。

一般情况下，在进行重置成本计算时，如果同时可以取得复原成本和更新成本，应选用更新成本；如果不存在更新成本，则再考虑用复原成本。

（2）**重置成本法的定义** 重置成本法是指以评估基准日的当前条件下重新购置一辆全新状态的被评估车辆所需的全部成本（完全重置成本，简称重置全价），减去该被评估车辆的各种陈旧性贬值后的差额作为被评估车辆评估价格的一种评估方法。也可以先通过被评估二手车与其全新状态相比，测算出其成新率，进行评估。

（3）贬值的定义

1）实体性贬值。实体性贬值也叫有形损耗，是指二手车在存放和使用过程中，因机件磨损和损耗等原因而导致的车辆实体发生的价值损耗，也就是指由于自然力的作用而发生的损耗。投入交易的二手车一般都不是全新状态的，因此都存在实体性贬值。其计算公式如下：

$$实体性贬值 = 重置成本 \times (1 - 成新率)$$

2）功能性贬值。功能性贬值是指由于科学技术和生产力的发展导致的车辆贬值，即无形损耗。这类贬值可能是由于技术进步引起劳动生产率的提高，生产成本降低而造成重新购置一辆全新状态的被评估车辆所需的成本降低而引起的车辆价值的贬值。具体表现为原有车辆在完成相同工作任务的前提下，在燃料、人力、配件材料等方面的消耗增加，形成了一部分超额运营成本。

3）经济性贬值。经济性贬值是指由于宏观经济政策、市场需求、通货膨胀、环境保护等外部环境因素的变化所造成的车辆贬值。这些外界因素对车辆价值的影响不但是客观存在的，而且对车辆价值影响还相当大，在二手车评估中不可忽视。

（4）重置成本法的数学模型

1）理论模型。其公式如下：

$$评估值 = 重置成本 - 贬值$$

$$评估值 = 重置成本 - 实体性贬值 - 功能性贬值 - 经济性贬值$$

显然，理论模型只能帮助我们理解重置成本法的基本原理，我们很难计算实体性贬值、功能性贬值、经济性贬值分别是多少。为了便于计算，我们需要学习其实际运用的数学模型。

2）实际模型。其公式如下：

$$评估值 = 重置成本 \times 综合成新率$$

$$评估值 = 重置成本 \times 年限成新率 \times 调整系数$$

可见，使用重置成本法计算二手车价格，需要计算重置成本、年限成新率、调整系数三个参数。

（5）重置成本的计算公式

重置成本的计算公式如下：

$$重置成本 = 纯车价 + 购置税$$
$$= 纯车价 + (纯车价/1.13) \times (5\% \sim 10\%)$$
$$= 纯车价 \times (1 + 1 \div 1.13) \times (5\% \sim 10\%)$$
$$= 纯车价 \times (1.044 \sim 1.088)$$

1）纯车价是指当地 4S 店与被评估车辆排量、配置相当的新车成交均价。例如，通过汽车之家 App 查得，某车新车指导价 18.9 万元，当地 4S 店最低成交价 16.8 万元，该车当月各 4S 店平均成交价是 17.5 万元，则重置成本的"纯车价"定为 17.5 万元。

2）购置税的计算需要参照当年国家制定的增值税率和购置税率，即

$$购置税 = 纯车价/(1 + 13\%) \times (5\% \sim 10\%)$$
$$= (纯车价/1.13) \times (5\% \sim 10\%)$$

公式中的"（纯车价/1.13）"表示增值税率为 13%，这是因为 2019 年起国家下调增值税率为 13%，之后没有最新的政策则继续沿用；增值税率 2017 年以前为 17%，2018 年调整为 16%，2019 年调整为 13%。

公式中的"（5%~10%）"表示购置税率取 5%~10%，这是由当年国家相关法规规定的。比如，国家规定排量小于 1.6L 的车辆购置税征收 5%，则在公式中代入 5%；国家规定排量 1.6~2.0L 的车辆购置税征收 7.5%，则在公式中代入 7.5%。2019 年所有车辆购置税调整为 10%，此后没有公布最新的购置税税率则都按照 10% 来计算。

"重置成本=纯车价×（1.044~1.088）"是为了便于计算和记忆重置成本的快速算法，假如购置税税率是 5%，则重置成本等于纯车价乘以 1.044；假如购置税税率是 10%，则重置成本等于纯车价乘以 1.088。例如，某新车纯车价 10 万元，则购置税为（10 万元×0.088），即 8800 元；若计算重置成本，则为（10 万元×1.088），即 108800 元。

（6）成新率

1）行驶里程法。用行驶里程法确定二手车的成新率，是指用被评估车的尚可行驶里程与规定行驶里程的比值来确定二手车成新率的一种方法，其计算公式为：

$$\beta = \left(1 - \frac{S_1}{S_0}\right) \times 100\%$$

式中，β 为二手车的成新率（%）；S_1 为二手车累计行驶里程（万 km）；S_0 为车辆规定的行驶里程（万 km）。

二手车累计行驶里程是指被评估二手车从开始使用到评估基准时点所行驶的总里程。车辆规定的行驶里程是指国家相关汽车报废标准中规定的该车型的行驶里程。各类汽车规定行驶里程见表 7-1。

表 7-1 各类汽车规定行驶里程

车辆类型与用途			行驶里程参考值 / 万 km
载客汽车	营运	出租客运 小、微型	60
		出租客运 中型	50
		出租客运 大型	60
		租赁	60
		教练 小型	50
		教练 中型	50
		教练 大型	60
		公交客运	40
		其他 小、微型	60
		其他 中型	50
		其他 大型	80
	专用校车		40
	非营运	小、微型客车，大型轿车	60
		中型客车	50
		大型客车	60

现阶段，由于市面上二手车存在调表现象，所以用行驶里程法计算二手车成新率往往只能作为参考。

2）年限成新率。使用年限法确定的二手车成新率，仅仅反映了汽车的时间损耗及时间折旧率，与使用情况（包括管理水平、使用水平和维护保养水平）、使用强度无关，但计算方便。车辆规定使用年限是指国家相关汽车报废标准中对被评估车辆规定的使用年限，是指机动车的合理使用寿命。各类汽车规定使用年限见表 7-2。

表 7-2　各类汽车规定使用年限

车辆类型与用途			使用年限（年）
载客汽车	营运	出租客运　小、微型	8
		出租客运　中型	10
		出租客运　大型	12
		租赁	15
		教练　小型	10
		教练　中型	12
		教练　大型	15
		公交客运	13
		其他　小、微型	10
		其他　中型	15
		其他　大型	15
	专用校车		15
	非营运	小、微型客车，大型轿车，轮式专用机械	—
		中型客车	20
		大型客车	20

注：若某些车辆使用年限有变动，以车管所最新公布的为准。

已使用年限是指二手车在正常使用强度条件下，开始使用到评估基准日所经历的时间。所以说，使用年限法计算的成新率实际上反映的是车辆的时间损耗及时间折旧率，与车辆的日常使用强度和车况无关。但是，对于日常使用强度较大的车辆，在统计已使用年限指标时，应适当乘以一定的系数。例如，对于某些以双班制运行的车辆，其实际使用时间为正常使用时间的 2 倍，即该车辆的已使用年限，应是车辆从开始使用到评估基准日所经历时间的 2 倍。

计算年限成新率的方法有两种，分别为等速折旧法和加速折旧法。

①等速折旧法。等速折旧法又称直线折旧法或平均折旧法，是指用车辆的原值除以车辆使用年限，从而求得每年平均计提折旧额的方法。

其计算公式如下：

$$C_n = \left(1 - \frac{Y}{G}\right) \times 100\%$$

式中，C_n 为年限成新率；G 为规定使用年限；Y 为已使用年限。

②加速折旧法。加速折旧法常分为年份数求和法和余额递减折旧法两种。其中，年份数求和法是指每年的折旧额可用车辆原值减去残值的差额乘一个逐

年变化的递减系数来确定的一种方法。此递减系数的分母为车辆使用年限历年数字的累计之和,即每年递减系数的分母均相等;分子的大小等于当年时止还余有的使用年数。

$$C_n = \left[1 - \frac{2}{G(G+1)} \sum_{n=1}^{Y}(G+1-n)\right] \times 100\%$$

式中,C_n 为年限成新率;G 为规定使用年限;Y 为已使用年限。

余额递减折旧法是指任何年的折旧额用现有车辆原值乘以在车辆整个寿命期内恒定的折旧率,接着用车辆原值减去该年折旧额作新的原值,下一年重复这一作法,直到折旧总额分摊完毕。在余额递减中所使用的折旧率,通常大于直线折旧率,当使用的折旧率为直线折旧率的2倍时,称为双倍余额递减法,适合现有的二手车实际价值,其计算公式为:

$$C_n = \left(1 - \frac{2}{G}\right)^Y \times 100\%$$

式中,C_n 为年限成新率;G 为规定使用年限;Y 为已使用年限。

在实际运用中,等速折旧比较容易理解,应用广泛,初学者应先掌握此方法。加速折旧法能较真实地还原二手车折旧规律,但是计算方法比较复杂,学习者可以通过表7-3所列不同折旧法下的汽车年限成新率来快速查找车辆不同计算方法的车辆成新率。

表7-3 不同折旧法下的汽车年限成新率

已使用年限	规定使用年限15年			规定使用年限10年			规定使用年限8年		
	等速折旧法	加速折旧法		等速折旧法	加速折旧法		等速折旧法	加速折旧法	
		年数求和法	双倍余额递减法		年数求和法	双倍余额递减法		年数求和法	双倍余额递减法
1	93.33	87.50	86.67	90.00	81.82	80.00	87.50	77.78	75.00
2	86.67	75.83	75.11	80.00	65.46	64.00	75.00	58.34	56.25
3	80.00	65.00	65.10	70.00	50.91	51.20	62.50	41.67	42.19
4	73.33	55.00	56.42	60.00	38.18	40.96	50.00	27.78	31.64
5	66.67	45.83	49.89	50.00	27.27	32.77	37.50	16.67	23.73
6	**60.00**	**37.50**	**42.38**	40.00	18.18	26.21	25.00	8.34	17.80
7	53.33	30.00	36.73	30.00	10.91	20.97	12.50	2.78	13.35
8	46.67	23.33	31.83	20.00	5.46	16.78	0	0	10.01
9	40.00	17.50	27.58	10.00	1.82	13.42			
10	33.33	12.50	23.91	0	0	10.74			

中等职业教育汽车专业理实一体化系列教材

二手车鉴定评估实用教程
练习册

主　编　郑新强　杨　康

机械工业出版社

目　录

任务一　接受二手车鉴定评估业务 ... 1
 一、工作计划与决策 ... 1
 二、任务实施 ... 2
 三、巩固与练习 ... 2

任务二　车辆合法性检查 ... 3
 一、工作计划与决策 ... 3
 二、任务实施 ... 3
 三、巩固与练习 ... 3

任务三　二手车使用背景检查 ... 5
 一、工作计划与决策 ... 5
 二、任务实施 ... 6
 三、巩固与练习 ... 6

任务四　车辆静态检查 ... 8
 一、工作计划与决策 ... 8
 二、任务实施 ... 9
 三、巩固与练习 ... 9

任务五　车辆动态检查 ... 10
 一、工作计划与决策 ... 10
 二、任务实施 ... 10
 三、巩固与练习 ... 11

任务六　新能源二手车技术鉴定 ············ 12
一、工作计划与决策 ············ 12
二、任务实施 ············ 24
三、巩固与练习 ············ 24

任务七　二手车价值评估 ············ 25
一、工作计划与决策 ············ 25
二、任务实施 ············ 26
三、巩固与练习 ············ 26

任务八　二手车交易 ············ 27
一、工作计划与决策 ············ 27
二、任务实施 ············ 28
三、巩固与练习 ············ 28

任务九　二手车电商平台 ············ 29
一、工作计划与决策 ············ 29
二、任务实施 ············ 36
三、巩固与练习 ············ 36

任务一　接受二手车鉴定评估业务

一、工作计划与决策

将全班同学分组，四人一组，分别扮演客户和工作人员，根据客户车辆状况和需求情况，制订车辆鉴定、评估和交易计划，与客户进行沟通，并填写表1-1。

表1-1　车辆基本信息报告表

评估日期		客户名称		中级评估师签字		
车牌号		联系方式		高级评估师签字		
里程数/km		交易地点		交易方式		□收购　□出售 □置换
车架号					发动机号	
出厂日期	登记日期	厂商名称	车辆品牌型号	发动机排量		车辆过户记录
车身颜色	内饰颜色	核定载客	车门数	燃料种类		车辆厢式
使用性质	车辆证件		税费			车辆户籍
□公　□私 □营运	□原始发票　□登记证 □行驶证		□购置税　□车船使用税 □路桥费			□本籍 □外籍
车辆年检日期：□有　□无 　　　　　　　年　月		保险日期：□有　□无 　　　　　年　月		环保标志：□有　□无 　　　　　年　月		
路桥费：□有　□无 　　　　年　月		车辆贷款：□有　□无 　　　　　年　月		购置税：□免税　□有		
变速器：□手动　□自动 其他：		驱动方式：□前驱　□后驱　□四驱		安全气囊： □2　□4　□6　□8		
天窗： □单　□双	电动门窗： □前　□前后		□中控门锁	轮毂：□钢圈 　　　□铝合金	□真皮座椅　□布座椅 □皮革座椅	
音响雷达系统：□CD　□DVD 　　　　　　□导航　□倒车影像			空调：□手动 　　　□自动前后恒温		起动系统：□一键式 　　　　　□电门式	

二、任务实施

在教师的指导下完成工作计划：

1）完成表1-1中的内容。

2）各组学生互相监督说出二手车鉴定评估的依据和原则。

3）各组学生互相监督说出二手车鉴定评估人员需要具备的专业技能。

三、巩固与练习

（一）选择题

1. 二手车鉴定评估的主体是（　　）。
   A. 二手车　　　　　　　　　　B. 评估程序
   C. 评估师　　　　　　　　　　D. 评估方法和标准

2. 下列选项中属于二手车评估师遵守的原则，应该提出回避亲属朋友鉴定评估相关车辆的是（　　）。
   A. 客观性原则　　　　　　　　B. 可行性原则
   C. 独立性原则　　　　　　　　D. 科学性原则

3. 以下车辆允许进行交易的是（　　）。
   A. 已报废或者达到国家强制报废标准的车辆
   B. 走私、非法拼（组）装的车辆
   C. 通过盗窃、抢劫、诈骗等违法犯罪手段获得的车辆
   D. 有质量问题而未经维修的车辆

4. 下列不属于二手车贬值的是（　　）。
   A. 技术贬值　　　　　　　　　B. 有形损耗贬值
   C. 功能性贬值　　　　　　　　D. 经济性贬值

（二）判断题

1. 二手车鉴定评估从业人员承接业务，可以用个人名义接受委托，承办业务。
　　　　　　　　　　　　　　　　　　　　　　　　　　　　　　　　（　　）

2. 独立性原则是要求二手车鉴定评估工作人员应该依据国家的有关法规和规章制度及可靠的资料数据，对被评估的二手车价值作出合理评定。（　　）

3. 在二手车鉴定评估的原则中，可行性原则亦称有效性原则。（　　）

（三）简答题

请简述二手车鉴定评估人员需要具备的专业技能。

任务二　车辆合法性检查

一、工作计划与决策

将全班同学分组，四人一组，分别扮演客户和工作人员，模拟二手车交易过程，查验车辆的相关手续是否齐全，告知客户查验结果，并填写表 2-6。

表 2-6　可交易车辆判别表

序号	检查项目	判别
1	是否达到国家强制报废标准	□是　□否
2	是否为抵押期间或海关监管期间	□是　□否
3	是否为人民法院、检察院、行政执法等部门依法查封、扣押期间的车辆	□是　□否
4	是否为通过盗窃、抢劫、诈骗等违法范围手段获得的车辆	□是　□否
5	发动机号与机动车登记证书登记号码是否一致，且无凿改痕迹	□是　□否
6	车辆识别代号或车架号码与机动车登记证书登记号码是否一致，且无凿改痕迹	□是　□否
7	是否为走私、非法拼组装车辆	□是　□否
8	是否为法律法规禁止经营的车辆	□是　□否

二、任务实施

在教师的指导下完成工作计划：

1）完成表 2-6 中的内容。
2）各组学生互相监督完成二手车交易手续检查。
3）各组学生完成二手车交易业务洽谈工作。

三、巩固与练习

（一）选择题

1. 二手车不同于其他类型的资产，它有着自身的特点，下列不属于其特点的是（　　）。

　　A. 工程技术性强

B. 使用强度、条件和维护水平差异大

C. 单位价值较大,使用时间较长

D. 技术水平低

2. 二手车评估手续检查项目中不包括(　　)。

A. 机动车行驶证

B. 机动车登记证书

C. 机动车交通事故责任强制险保单

D. 驾驶证

3. 机动车新车上牌需要提供整车出厂合格证、机动车注册/登记申请表、个人身份证和(　　)。

A. 车辆购置税纳税证明

B. 工作证明

C. 单位证明

D. 驾驶证

(二)判断题

1. 按照相关法规,没有办理机动车交通事故责任强制险的二手车也可以交易。(　　)

2. 机动车(新车)上牌是指在二手车交易市场内为收旧供新的车辆或经车辆管理所授权的汽车销售公司出售的新车上牌照。(　　)

3. 机动车保险分为交强险和商业险,商业险的险种主要有车辆损失险、第三者责任险、车上人员责任险等。其中,交强险是强制性的,必须投保。(　　)

(三)简答题

1. 评估人员与车主进行评估业务洽谈时,应了解哪些车辆信息?

2. 机动车的主要证件包括哪些?哪个证件是机动车合法行驶资格的法定证件?

任务三 二手车使用背景检查

一、工作计划与决策

将全班同学分组，四人一组，分别扮演客户和工作人员，制定车辆使用状况调查表，与客户沟通，告知客户对车辆使用状况进行调查的内容和方法，完成对车辆和使用状况的查验，并填写表 3-2。

表 3-2 车辆使用状况调查表

车辆基本情况	明细表序号		车辆牌号		车辆名称及规格型号	
	生产厂家		已行驶里程 /km		规定行驶里程 /km	
	购置日期		启用日期		规定使用年限	
	大修情况					
	改装情况					
	耗油量		达到的环保标准		事故次数及情况	
现场查勘情况：						
车辆目前技术状况	车身部分	颜色		光泽	褪色	锈蚀
		是否被碰撞		严重程度	修复	车灯是否齐全
		前、后保险杠是否完整		其他		
	内饰部分	装潢程度		颜色	清洁	仪表是否齐全有效
		座位是否完整		其他		
	发动机总成	动力状况评分		有无更换部件	有无修补现场	有无替代部件
		漏油现象		□严重 □一般 □轻微		

（续）

车辆目前技术状况	底盘各部分	有无变形		有无异响		变速器状况		后桥状况	
		前桥状况		传动状况		漏油现象		□严重 □一般 □轻微	
		转向系统情况				制动系统情况			
	电气系统	电源系统是否工作正常		发动机点火器是否工作		空调系统是否有效		音响系统是否正常工作	
		其他							
鉴定意见									

二、任务实施

在教师的指导下完成工作计划：

1）完成表 3-2 中的内容。

2）各组学生互相监督完成 VIN 码识别工作。

3）各组学生完成车辆使用状况检查。

三、巩固与练习

（一）选择题

1. 车辆 VIN 码由三部分构成，以下内容不属于车辆 VIN 码组成部分的是（　　）。

    A. 世界制造厂识别代码（WMI）

    B. 车辆说明部分（VDS）

    C. 车辆指示部分（VIS）

    D. 车辆大小

2. 车辆 VIN 码第一位是生产国家代码，以下代表中国的字母是（　　）。

    A. Z

    B. L

    C. K

    D. W

3. 车辆主要尺寸参数不包括的项目是（　　）。

    A. 外廓尺寸

    B. 中网尺寸

    C. 轴距

    D. 轮距

（二）填空题

1. VIN（Vehicle Identification Number）的中文名叫_____，是制造厂为了识别而给一辆车指定的一组字码。VIN码是由_____位字母、数字组成的编码，又称17位识别代码。
2. 汽车质量参数主要包括：_____、_____、_____、_____以及汽车的轴荷分配。
3. 汽车性能参数主要包括：_____、汽车的燃料经济性、_____、_____、汽车的行驶平顺性、汽车的通过性和汽车的噪声与排放。

（三）简答题

汽车动力性能由哪几个指标来衡量？请解释一下这几个指标的定义和作用。

任务四　车辆静态检查

一、工作计划与决策

将全班同学分组，四人一组，分别扮演客户和工作人员，根据客户车辆状况和需求情况，制订车辆鉴定、评估和交易计划，与客户进行沟通，并填写表4-2。

表4-2　二手车静态检查表单

部位	鉴定内容	判定	部位	鉴定内容	判定
车体外观	1. 保险杠		发动机舱	28. 清洁程度	
车体外观	2. 后视镜		发动机舱	29. 发动机机油	
车体外观	3. 车窗/天窗/玻璃		发动机舱	30. 散热器及部件	
车体外观	4. 车轮/轮胎		发动机舱	31. 制冷部件	
车体外观	5. 全车灯罩		发动机舱	32. 转向助力部件	
车体外观	6. 车身漆面		发动机舱	33. 制动系统部件	
车体外观	7. 钣金件间隙		发动机舱	34. 进/排气系统部件	
车体外观	8. 封胶/防撞条		发动机舱	35. 供油系统部件	
车体外观	9. A、B、C门柱		发动机舱	36. 蓄电池/电路部件	
车体外观	10. 车身反光标识		发动机舱	37. 悬架及动力支撑	
车体外观	11. 清洁/完整度		发动机舱	38. 发动机不解体探伤	
驾驶/乘坐区	12. 安全带		底盘件	20. 前/后悬架及阻尼	
驾驶/乘坐区	13. 车厢灯/门灯		底盘件	21. 前/后车桥组合件	
驾驶/乘坐区	14. 仪表/指示器		底盘件	22. 平衡扭杆	
驾驶/乘坐区	15. 中控		底盘件	23. 前轮主销	
驾驶/乘坐区	16. 座椅（电动/真皮）		底盘件	24. 发动机支架部件	
驾驶/乘坐区	17. 地板/顶篷		底盘件	25. 变速器支架部件	
驾驶/乘坐区	18. 门板/门锁		底盘件	26. 动力传动系各部件	
驾驶/乘坐区	19. 清洁/完整度		底盘件	27. 转向器及部件	
			底盘件	39. 燃料管路	
			底盘件	40. 制动管路	
			底盘件	41. 制动轮缸	
			底盘件	42. 车架纵/横梁	
			底盘件	43. 车舱底板	
			底盘件	44. 电器线路	
			底盘件	45. 排气管/消声器	
			底盘件	46. 底盘防护装置	

二、任务实施

在教师的指导下完成工作计划：

1）完成表4-2中的内容。

2）各组学生互相监督完成车体外观、驾驶区域检查。

3）各组学生互相监督完成发动机舱、底盘区域检查。

三、巩固与练习

（一）选择题

1. 按照国家相关安全标准，为保持汽车规定的技术状态，汽车必须在规定的（　　）或规定的（　　）内，按规定的（　　）进行保养、检修。

   A. 行驶里程、使用强度、时间

   B. 方法、程序、行驶里程

   C. 行驶时间、行驶里程、使用年限

   D. 行驶里程、行驶时间、方法和程序

2. 依照相关法规，机动车车主擅自将车身重新喷漆后改变颜色的二手车（　　）交易。

   A. 可以

   B. 通过安全排放检测可以

   C. 依法恢复原来颜色后可以

   D. 恢复原来颜色后也不可以

3. 机动车号牌是准予机动车上路行驶的法定标志，其号码要与（　　）上的号牌号码完全一致。

   A. 机动车行驶证

   B. 车架号

   C. 发动机编号

   D. 机动车驾驶

（二）判断题

1. 静态检查包括对汽车的识伪检查和外观检查。　　　　　　　　（　　）

2. 汽车漆面光洁度有差别，反光不一样，甚至出现凹凸不平，或有明显的橘皮状，这说明该处车身有过补灰做漆。　　　　　　　　　　　　　（　　）

3. 技术鉴定检查车身锈蚀的情况，主要检查水槽、散热器、窗框、玻璃等。

　　　　　　　　　　　　　　　　　　　　　　　　　　　　　（　　）

（三）简答题

1. 对二手车进行技术状况的鉴定过程中，车身检查包括哪些项目？

2. 对二手车进行技术状况的鉴定过程中，车辆底盘主要检查哪些项目？

任务五　车辆动态检查

一、工作计划与决策

将全班同学分组，四人一组，分别扮演客户和工作人员，制订车辆动态检查的路线与检查事项，与客户沟通车辆动态检查的工作计划，通过实训进行车辆动态检查，并填写表 5-2。

表 5-2　二手车路试检查表单

序号	项目	动作内容	检查	可能的问题	分值
1	直线行驶	转向盘正位			
2	转向灯控制开关	左右拨动转向灯控制开关			
3	车身发响	关闭车窗坏路行驶			
4	悬架弹簧	过坑洞			
5	转向	过弯道			
6	离合器	挂 2 档拉驻车制动松开离合器			
7	制动	直线行驶点刹、持续制动			
8	传动部件	空档滑行（初速度20km/h）			
9	发动机	空档滑行			
		观察排气管尾气			

二、任务实施

在教师的指导下完成工作计划：

1）完成表 5-2 中的内容。
2）各组学生互相监督完成二手车动力性检查。
3）各组学生互相监督完成二手车制动性和操控性检查。

三、巩固与练习

（一）选择题

1. 汽车"三液"是指电解液、防冻液和（　　）。
   A. 玻璃水
   B. 制动器油
   C. 变速器油
   D. 汽油

2. 一般来说，变速器油更换周期为（　　）km 以上。
   A. 3 万
   B. 4 万
   C. 5 万
   D. 6 万

3. 接通前照灯后，假如只有一侧前照灯较亮，而另一侧灯光暗淡，很可能是（　　），使接触电阻增大，灯光暗淡一侧的前照灯的反射镜发生了氧化或积有灰尘。
   A. 暗淡一侧的前照灯短路
   B. 暗淡一侧的前照灯的灯头接触不良或锈蚀
   C. 暗淡一侧的前照灯断路

（二）判断题

1. 动态检查一般需要检查车辆的滑行性能、动力性能、操控性能、舒适性、制动性能及排放情况。　　　　　　　　　　　　　　　　　　　　（　　）
2. 起动车辆前必须仔细检查或确认发动机舱的"五油三液"是否符合规格，避免冒失起动车辆造成不可逆的损失。"五油"是指机油、制动油、汽油、离合器油和转向助力油。　　　　　　　　　　　　　　　　　　　（　　）
3. 观察机油在滤纸上的扩散情况，如果这滴机油扩散的圆圈很大，说明机油黏度已经很低了，机油的增稠剂失效，需要更换，如果扩散的圆圈很小，或者基本没什么扩散，说明机油杂质太多。　　　　　　　　　　　　（　　）
4. 把点火开关打到 ON 的位置，不起动发动机，仪表上所有的指示灯都应该亮起，有些是亮起一两秒就熄灭，这是系统自检后自动熄灭，属正常现象。
　　　　　　　　　　　　　　　　　　　　　　　　　　　　　　　（　　）

（三）简答题

简要说明二手车动力性检查的项目都有哪些。

任务六　新能源二手车技术鉴定

一、工作计划与决策

将全班同学分组，四人一组，分别扮演客户和工作人员，进行新能源二手车鉴定，并填写表 6-22 和表 6-23，并阅读学习下文提供的《新能源纯电动二手车鉴定评估委托书》和《新能源纯电动二手车鉴定评估报告》的示范文本。

表 6-22　新能源纯电动二手车鉴定评估作业表（示范文本）

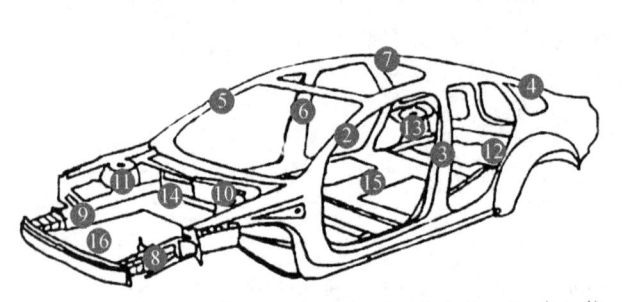

2—左A柱　3—左B柱　4—左C柱　5—右A柱　6—右B柱
7—右C柱　8—左前纵梁　9—右前纵梁　10—左前减振器座部位　11—右前减振器座部位　12—左后减振器座部位
13—右后减振器座部位　14—前围板部位
15—车底板部位　16—散热器框架部位

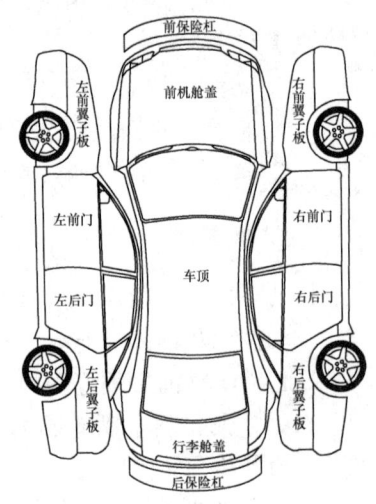

流水号：			鉴定评估日：		年　月　日
品牌型号		行驶里程	表显		km
号牌号码			推定		km
VIN 码		车身颜色			
电动机号		车主姓名/名称			
电池类型		电池额定电量			
使用性质	□营运用车　□出租车　□公务用车　□家庭用车　□其他				
车辆生产厂家					
法人代码/身份证号码		注册日期		年　月　日	
		发证日期		年　月　日	

（续）

年检证明	□有（至　　年　　月） □无	车船税证明	□有（至　　年　　月） □无
交强险	□有（至　　年　　月） □无	购置税证明	□有　□无
其他法定凭证/证书	□号牌号码　□行驶证　□登记证书　□保险单　□其他		
是否为事故车	□否　□是	损伤位置及损伤状况	
车辆主要技术缺陷描述			
总得分			
估价方法			
参考价值			
评估师（签章）			
评估师证号			
审核人（签章）			
二手车鉴定评估结论			
	评估单位名称（盖章）		

序号	车体骨架检查（17项）		
1	车体左右对称性		
2	左A柱	10	左前减振器座部位
3	左B柱	11	右前减振器座部位
4	左C柱	12	左后减振器座部位
5	右A柱	13	右后减振器座部位
6	右B柱	14	前围板部位
7	右C柱	15	车底板部位
8	左前纵梁	16	散热器框架部位（非拆卸式）
9	右前纵梁	17	其他（只描述缺陷，不扣分）
代表字母	BX	NQ	GH	SH	ZZ
缺陷描述	变形	扭曲	更换	烧焊	褶皱
车体骨架缺陷描述					
事故判定	□事故车　□正常车				

序号	车身外观检查（89项）	扣分	缺陷描述	序号	车身外观检查（89项）	扣分
18	车顶			63	左后车门铰链	
19	车顶密封条			64	右后车门铰链	
20	天窗			65	左前减振器支撑座	
21	左侧底大边		划痕　HH 变形　BX 锈蚀　XS 裂纹　LW 凹陷　AX 修复痕迹　XF	66	右前减振器支撑座	
22	右侧底大边			67	左后减振器支撑座	
23	左A柱			68	右后减振器支撑座	
24	右A柱			69	前风窗玻璃	
25	左B柱			70	后风窗玻璃	
26	右B柱			71	前风窗玻璃密封条	
27	左C柱			72	后风窗玻璃密封条	
28	右C柱			73	前刮水片	
29	左前翼子板		缺陷程度	74	后刮水片	
30	右前翼子板			75	前刮水器摇臂	
31	左后翼子板			76	后刮水器摇臂	
32	右后翼子板		1—面积≤100mm×100mm； 2—100mm×100mm<面积≤200mm×300mm； 3—面积>200mm×300mm； 4—轮胎花纹深度<1.6mm。	77	前保险杠	
33	左前翼子板内衬			78	后保险杠	
34	右前翼子板内衬			79	车标	
35	左后翼子板内衬			80	前机舱盖	
36	右后翼子板内衬			81	前机舱盖锁止开关	
37	左前车门			82	前机舱盖铰链	
38	右前车门			83	前机舱盖密封条	
39	左后车门			84	前机舱盖支撑杆	
40	右后车门			85	行李舱盖	
41	左前车窗玻璃			86	行李舱盖铰链	
42	右前车窗玻璃			87	行李舱密封条	
43	左后车窗玻璃			88	行李舱锁	
44	右后车窗玻璃		划痕　HH 变形　BX 锈蚀　XS 裂纹　LW 凹陷　AX 修复痕迹　XF	89	行李舱外拉手	
45	左前门锁			90	左后视镜	
46	右前门锁			91	右后视镜	
47	左后门锁			92	左前轮毂	
48	右后门锁			93	右前轮毂	
49	左前车门密封条			94	左后轮毂	
50	右前车门密封条			95	右后轮毂	
51	左后车门密封条			96	左前轮毂罩	

(续)

序号	车身外观检查（89项）	扣分	缺陷描述	序号	车身外观检查（89项）	扣分
52	右后车门密封条		缺陷程度	97	右前轮毂罩	
53	左前车窗玻璃密封条			98	左后轮毂罩	
54	右前车窗玻璃密封条		1—面积≤100mm×100mm；	99	右后轮毂罩	
55	左后车窗玻璃密封条		2—100mm×100mm<面积≤200mm×300mm；	100	左前轮胎	
56	右后车窗玻璃密封条			101	右前轮胎	
57	左前车门外拉手			102	左后轮胎	
58	右前车门外拉手		3—面积>200mm×300mm；	103	右后轮胎	
59	左后车门外拉手		4—轮胎花纹深度<1.6mm。	104	备胎支架	
60	右后车门外拉手			105	充电接口及护盖	
61	左前车门铰链			106	其他（只描述缺陷，不扣分）	
62	右前车门铰链					
小计						

序号	电池系统外观检查（12项）			扣分
107	电池铭牌与出厂的基本数据一致	是	否	
108	无起火痕迹	是	否	
109	无腐蚀痕迹	是	否	
110	无浸水痕迹	是	否	
111	电池箱是原厂配件	是	否	
112	电池箱固定件无松动、破损	是	否	
113	电池冷却系统无渗漏、损坏	是	否	
114	电池系统插接件无异常（松动、脱落、变形、腐蚀）	是	否	
115	直流充电插座无异常（松动、脱落、变形、腐蚀）	是	否	
116	交流充电插座无异常（松动、脱落、变形、腐蚀）	是	否	
117	电池高低压线束及防护无破损腐蚀	是	否	
118	其他（只描述缺陷，不扣分）			
小计				

序号	电池系统综合性能评价（6项）	分值
119	电量（容量）可用状态（E_S/C_S）	
120	日均使用时间系数（$L1$）	
121	次均充电SOC系数（$L2$）	

(续)

序号	电池系统综合性能评价（6项）	分值
122	快慢充比系数（$L3$）	
123	运行温度超过 10~45℃的频次占比（$L4$）	
124	电池系统综合性能评价值	
小计		

序号	电池系统质保评价（1项）	分值
125	电池质保评价 A	
小计		

序号	电机及控制器检查（10项）			扣分
126	铭牌字迹和内容清楚，与出厂的基本数据一致	是	否	
127	无起火痕迹	是	否	
128	无腐蚀痕迹	是	否	
129	无浸水痕迹	是	否	
130	电机和控制器表面无碰伤、划痕	是	否	
131	电机冷却系统无渗漏、破坏	是	否	
132	电机系统插接件无异常（松动、脱落、变形、腐蚀）	是	否	
133	电机系统高低压线束及防护无破损腐蚀	是	否	
134	铭牌字迹和内容清楚，与出厂的基本数据一致	是	否	
135	其他（只描述缺陷，不扣分）			
小计				

序号	驾驶舱检查（23项）			扣分
136	车内无水泡痕迹	是	否	
137	车内后视镜完整、无破损	是	否	
138	座椅完整、无破损	是	否	
139	座椅调节功能正常	是	否	
140	座椅加热和通风功能正常	是	否	
141	中控物理按钮功能正常	是	否	
142	中控显示屏及触控外观完好	是	否	
143	出风口无裂痕，配件无缺失	是	否	
144	车内整洁、无异味	是	否	
145	转向盘自由行程转角小于15°	是	否	

（续）

序号	驾驶舱检查（23项）			扣分
146	车顶及周边内饰无破损、松动及裂缝和污迹	是	否	
147	仪表台无划痕，配件无缺失	是	否	
148	排档把手柄及护罩完好、无破损	是	否	
149	储物盒无裂痕，配件无缺失	是	否	
150	天窗移动灵活、关闭正常	是	否	
151	门窗密封条完整、功能正常	是	否	
152	安全带结构完整、功能正常	是	否	
153	驻车制动系统灵活有效	是	否	
154	玻璃窗升降器、门窗工作正常	是	否	
155	左、右后视镜折叠装置工作正常	是	否	
156	气囊完整、功能正常	是	否	
157	头枕完整、无破损	是	否	
158	其他（只描述缺陷，不扣分）			
小计				

序号	电控及仪表检查（12项）			扣分
159	车辆可正常上电（中控大屏和仪表点亮）	是	否	
160	仪表板指示灯显示正常，无故障报警	是	否	
161	各类灯光和调节功能正常	是	否	
162	泊车辅助系统工作正常	是	否	
163	制动防抱死系统（ABS）及各种扩展功能工作正常	是	否	
164	空调系统风量及风向调节、分区控制、自动控制、制冷工作正常	是	否	
165	车载摄像头能够正常识别并显示	是	否	
166	车载电话/音响系统可连接并正常工作	是	否	
167	车载智能系统（中控大屏）开启正常，无死机/黑屏等故障			
168	电机起动正常（需要使用举升机或将车轮架起）			
169	电机无异响，空档状态下逐渐增加电机转速，声音过渡无异响（需要使用举升机或将车轮架起）	是	否	
170	其他（只描述缺陷，不扣分）			
小计				

序号	路试检查（10 项）			扣分
171	动力系统正常，无故障报警	是	否	
172	加速、动能回收工作正常	是	否	
173	行车制动系统最大制动效能在踏板全行程的 4/5 以内达到（装有自动调整间隙装置）	是	否	
174	行驶无跑偏	是	否	
175	制动系统工作正常有效、制动不跑偏	是	否	
176	行驶过程中车辆底盘部位无异响	是	否	
177	行驶过程中车辆转向部位无异响	是	否	
178	行驶过程中车辆电机部位无异响	是	否	
179	行驶过程中电池电量和剩余里程正常递减无异常	是	否	
180	其他（只描述缺陷，不扣分）			
小计				

序号	底盘检查（16 项）			扣分
181	转向节臂球销无松动	是	否	
182	三角臂球销无松动	是	否	
183	传动轴防尘套无渗漏、无破损	是	否	
184	转向机无破损	是	否	
185	万向节球笼无破损	是	否	
186	减振器无渗漏、无破损	是	否	
187	减振弹簧无破损	是	否	
188	上摆臂无损坏	是	否	
189	下摆臂无损坏	是	否	
190	后桥缓冲胶套、防尘套无破损	是	否	
191	制动盘无破损，无异常磨损	是	否	
192	制动片无破损，无异常磨损，厚度符合要求	是	否	
193	制动油管路无破损、无渗漏	是	否	
194	制动鼓无破损，无异常磨损	是	否	
195	电池箱外防护装置无变形	是	否	
196	其他（只描述缺陷，不扣分）			
小计				

序号	功能性零部件检查（14项）			扣分
197	备胎	是	否	
198	千斤顶	是	否	
199	轮胎扳手及随车工具	是	否	
200	三角警示牌	是	否	
201	灭火器	是	否	
202	充电线缆或便捷式随车充电器	是	否	
203	反光背心	是	否	
204	机械式钥匙	是	否	
205	遥控钥匙	是	否	
206	行李舱隔板	是	否	
207	汽车空调效果	是	否	
208	汽车音响品质	是	否	
209	制动液含水量	是	否	
210	防冻液冰点	是	否	
小计				

表 6-23　新能源纯电动二手车技术状况表（示范文本）

车辆基本信息	品牌型号			号牌号码	
	发动机号			VIN 码	
	注册日期	年　月　日		发证日期	年　月　日
	总质量/座位			表显里程	km
	车辆类型	□国产　□进口		车身颜色	
	年检证明	□有（至　年　月）　□无		购置税证明	□有　□无
	车船税证明	□有（至　年　月）　□无		交强险	□有（至　年　月）　□无
	使用性质	□营运用车　□出租车　□公务用车　□家庭用车　□其他			
	车辆生产厂家				
	其他法定凭证、证明	□营运机动车号牌　□机动车行驶证　□机动车登记证书　□交强险保单　□其他			
	车主名称/姓名			企业法人证书代码/身份证号码	

（续）

重要配置	系统额定电量		剩余最大电量（%）		
	电池系统品牌		电机功率		
	安全气囊		ABS	□有	□无
	助力转向		ESP	□有	□无
	其他重要配置				
是否为事故车	□是 □否	损伤位置及损伤状况			
鉴定结果	分值		技术状况等级		
车辆技术状况鉴定缺陷描述	鉴定科目	鉴定结果（得分）	缺陷描述		
	车身外观检查				
	电池系统检查				
	电机及控制器检查				
	驾驶舱检查				
	电控及仪表检查				
	路试检查				
	底盘检查				
	功能性零部件检查				

声明：

本新能源二手车技术状况表所体现的鉴定结果仅为鉴定日期当日被鉴定车辆的技术状况表现与描述，若在当日内被鉴定车辆的市场价值或因交通事故等原因导致车辆的价值发生变化，对车辆鉴定结果产生明显影响时，本技术状况鉴定说明书不作为参考依据。

说明：

本新能源二手车技术状况表由二手车经销企业、拍卖企业、经纪企业使用，作为新能源二手车交易合同的附件。车辆展卖期间，放置在驾驶室前风窗玻璃左下方，供消费者参阅。

新能源二手车（纯电动）鉴定评估师：   鉴定单位：（盖章）

鉴定日期： 年 月 日

新能源纯电动二手车鉴定评估委托书（示范文本）

委托书编号：
委托方名称（姓名）：　　　　　法人代码证（身份证）号：
鉴定评估机构名称：　　　　　　法人代码证：
委托方地址：　　　　　　　　　鉴定评估机构地址：
联系人：　　　　　　　　　　　电话：

因交易典当拍卖置换抵押担保咨询司法裁决需要，委托人与受托人达成委托关系，对号牌号码为＿＿＿＿车辆类型为＿＿＿＿车架号（VIN码）为＿＿＿＿电动机号为＿＿＿＿的车辆进行技术状况鉴定并出具评估报告书，＿＿＿＿年＿＿月＿＿日前完成。

受托评估车辆基本信息：

车辆情况	品牌型号		使用用途	□营运 □非营运
	总质量/座位		车身颜色	
	电池类型	□三元 □磷酸铁锂 □其他	电池额定电量	
	注册日期	年 月 日	发证日期	年 月 日
	使用性质	□营运用车 □出租车 □公务用车 □家庭用车 □其他		
	车辆生产厂家			
	已使用年限	年 个月	累计行驶里程（万km）	
	大修次数	电池系统（次）	整车（次）	
	维修情况			
	事故情况			
价值反映	购置日期	年 月 日	原始价格（元）	
备注：				

委托方：（签字、盖章）　　　　　受托方：（签字、盖章）
　　　　　　　　　　　　　　　（二手车鉴定评估机构盖章）
　　年　月　日　　　　　　　　　　　　年　月　日

备注：
1. 委托方保证所提供的资料客观真实，并负法律责任。
2. 对车辆进行鉴定评估的依据包括 GB 7258—2017《机动车运行安全技术条件》、GB/T 30323—2013《二手车鉴定评估技术规范》、T/CADA 17—2021《二手纯电动乘用车鉴定评估技术规范》等。
3. 评估结论仅对本次委托有效，不可作其他用途。
4. 鉴定评估人员与有关当事人没有利害关系。
5. 委托方如对评估结论有异议，可于收到《新能源纯电动二手车鉴定评估报告》之日起10日内向委托方提出，受托方应给予解释。

新能源纯电动二手车鉴定评估报告（示范文本）

×××鉴定评估机构评报字（20 年第×××号）

一、绪言

_____（鉴定评估机构）接受_____的委托，根据国家有关评估及《二手车流通管理办法》和 T/CADA17—2021《二手纯电动乘用车鉴定评估技术规范》等法规标准的规定，本着客观、独立、公正、科学的原则，按照公认的评估方法，对号牌号码为_____车辆进行了鉴定。本机构鉴定评估人员按照必要的程序，对委托鉴定评估的车辆进行了实地查勘与市场调查，并对其在_____年____月____日所表现的市场价格做出了公允反映。现将该车辆鉴定评估结果报告如下。

二、委托方信息

委托方：　　　　委托方联系人：
联系电话：　　　车主姓名/名称：（填写机动车登记证书所示的名称）

三、鉴定评估基准日　年　月　日

四、鉴定评估车辆信息

品牌型号：　　　　　　　　号牌号码：
发动机号（电动机号）：　　车辆VIN码：
车辆生产厂家：
车身颜色：　　　　　　　　表显里程：　　　km
注册日期：　年　月　日　　发证日期：　年　月　日
年审检验合格至：　年　月　　交强险截止日期：　年　月
车船税截止日期：　年　月
是否查封、抵押车辆：□是□否　车船购置税（费）证：□有□无
机动车登记证书：□有□无　　机动车行驶证：□有□无
未接受处理的交通违法记录：□有□无
使用性质：□公务用车□家庭用车□营运用车□出租车□其他：

五、技术鉴定结果

技术状况缺陷描述：

重要配置及参数信息：

技术状况鉴定等级：

等级描述：

六、价值评估

价值估算方法：□现行市价法　□重置成本法　□其他

价值估算结果：车辆鉴定评估价值为人民币_____元，金额大写：

七、特别事项说明①

八、鉴定评估报告法律效力

本鉴定评估结果可以作为作价参考依据。本项鉴定评估结论有效期为90天，自鉴定评估基准日至_____年____月____日为止。

九、声明

（1）本鉴定评估机构对该鉴定评估报告承担法律责任。

（2）本报告所提供的车辆评估价值为评估基准日的价值。

（3）该鉴定评估报告的使用权归委托方所有，其鉴定评估结论仅供委托方为本项目鉴定评估目的使用和送交二手车鉴定评估主管机关审查使用，不适用于其他目的，否则本鉴定评估机构不承担相应法律责任；因使用本报告不当而产生的任何后果与签署本报告书的鉴定评估人员无关。

（4）本鉴定评估机构承诺，未经委托方许可，不将本报告的内容向他人提供或公开，否则本鉴定评估机构将承担相应法律责任。

附件：

一、新能源纯电动二手车鉴定评估委托书

二、新能源纯电动二手车鉴定评估作业表

三、机动车行驶证、机动车登记证书复印件

四、被鉴定评估新能源二手车照片（要求外观清晰，车辆牌照能够辨认）

新能源二手车（纯电动）鉴定评估师（签字、盖章）　复核人②（签字、盖章）
　　　　　　年　　月　　日　　　　　　　　　　　年　　月　　日

（二手车鉴定评估机构盖章）
　　　　　　年　　月　　日

①特别事项是指在已经确定鉴定评估结果的前提下，鉴定评估人员认为需要说明在鉴定过程中已发现可能影响鉴定评估结论，但非鉴定评估人员职业水平和能力所能鉴定评定估算的有关事项以及其他问题。

②复核人是指具有新能源二手车（纯电动）鉴定评估师资格的人员。

备注：1. 本报告书和作业表一式三份，委托方二份，受托方一份。

　　　2. 鉴定评估基准日即为《新能源纯电动二手车鉴定评估委托书》签订的日期。

二、任务实施

在教师的指导下完成工作计划：

1）完成表6-22、表6-23中的内容。

2）各组学生互相监督完成新能源汽车鉴定评估。

3）各组学生完成新能源汽车鉴定评估报告。

三、巩固与练习

（一）选择题

1. 依照相关法规，二手车评估中为确认卖方的身份及车辆的合法性，应查验合法有效的（　　　）。

   A. 卖方身份证、车辆号牌、机动车登记证书、机动车行驶证

   B. 卖方身份证、机动车安全技术检验合格标志、机动车行驶证、机动车登记证书

   C. 卖方身份证、车辆号牌、机动车安全技术检验合格标志、机动车行驶证

   D. 卖方身份证、车辆号牌、机动车登记证书、机动车安全技术检验合格标志

2. 对车身外观进行检测，以下工具中不需要的是（　　　）。

   A. 全自动电子车身检测仪

   B. 车辆外观缺陷测量工具

   C. 漆膜厚度仪

   D. 千分尺

3. 新能源二手车动力电池系统综合性能评价包括（　　　）及历史行为评估两部分。

   A. 车辆购买日期

   B. 车辆新旧程度

   C. 电池当前电量（容量）状态

   D. 电池额定容量

（二）判断题

1. 对新能源二手车动力电池进行实际电量测量时，环境温度对于测量结果基本没有影响。（　　　）

2. 二手车继续使用价值特点是二手车以完整的车辆而存在，能够以整车的形式继续使用而存在的价值。（　　　）

3. 新能源二手车涉水深度超过车轮半径行驶过后就属于泡水车。（　　　）

（三）简答题

进行新能源二手车路试，有哪些技术要求？

任务七　二手车价值评估

一、工作计划与决策

将全班同学分组，四人一组，两人扮演客户，一人扮演评估师，一人扮演估价人员，根据客户车辆状况和需求情况，选择适合的价值评估方法，对车辆进行价值评估并填写表 7-7。

表 7-7　车辆价值评估表

客户姓名				借款金额	
借款方式	□押车		□不押车	借款期限	
车辆品牌				车辆型号	
车架号				发动机号	
车牌号		车身颜色		裸车价格	
购车日期		行驶里程		车辆市价	
排量		承载人数		国产/进口	
事故情况：					
车辆急抛价				可借金额	
风控评定综述：					
评估人（签章）： 日期：					
审核意见：					
审核人（签章）： 日期：					

二、任务实施

在教师的指导下完成工作计划：

1）各组学生互相监督选择适合的价值评估方法。

2）各组学生互相监督完成车辆价值评估，并填写车辆价值评估表。

三、巩固与练习

（一）选择题

1. （　　）与收益现值法的区别在于前者是历史过程，后者是预期过程。
   A. 重置成本法
   B. 现行市价法
   C. 清算价格法
   D. 折旧法

2. 与重置成本法相比，现行市价法的出发点更多表现在（　　）上。
   A. 性能
   B. 价格
   C. 陈旧状况
   D. 技术情况

3. 利用清算价格法确定的清算价格，若不能被（　　）接受，清算价格就失去意义。
   A. 买卖双方
   B. 出售者
   C. 购买者
   D. 评估者

（二）判断题

1. 重置成本法比较侧重对车辆过去使用状况的分析。　　　　　　　（　　）

2. 即使市场不活跃，运用现行市价法对车辆进行评估的结论也会很可靠。
   　　　　　　　　　　　　　　　　　　　　　　　　　　　　　（　　）

3. 收益率越高，则评估价值就越低。　　　　　　　　　　　　　　（　　）

（三）简答题

1. 什么是二手车成新率？

2. 什么是重置成本法？重置成本法有什么优缺点？

3. 对于预期收益额的确定应该把握哪些重点？

任务八　二手车交易

一、工作计划与决策

将全班同学分组，四人一组，分别扮演客户和工作人员，与客户沟通，完成二手车交易流程（见图 8-16）。

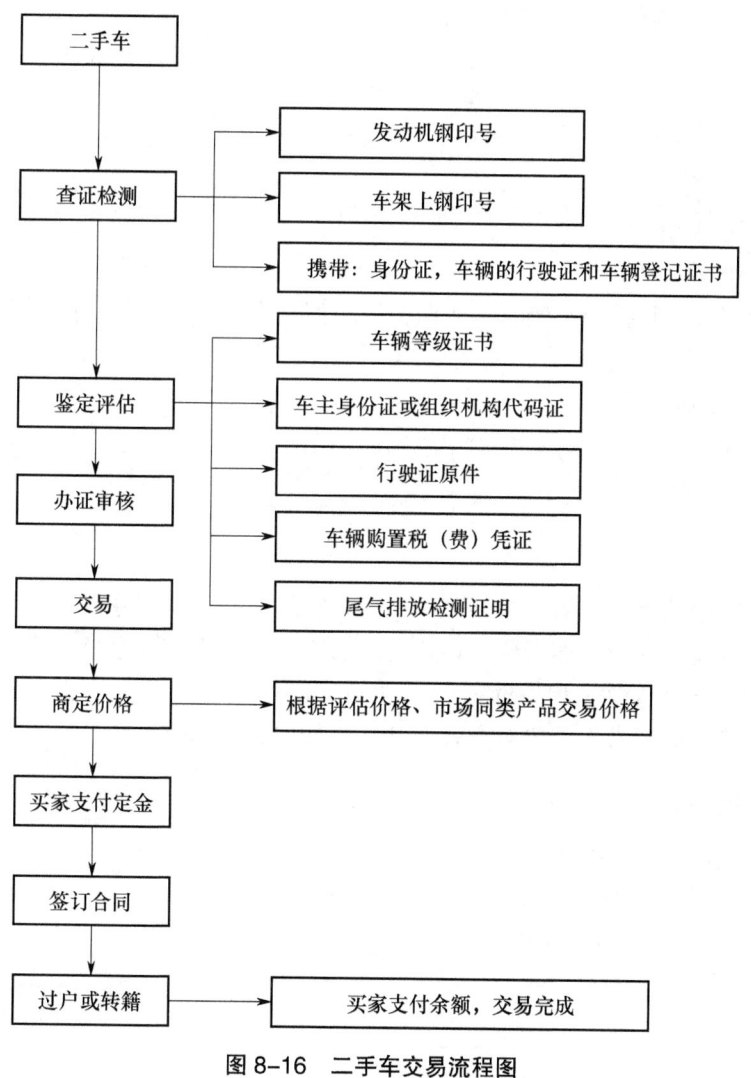

```
二手车
  ↓
查证检测 ──→ 发动机钢印号
         ──→ 车架上钢印号
         ──→ 携带：身份证，车辆的行驶证和车辆登记证书
  ↓
鉴定评估 ──→ 车辆等级证书
         ──→ 车主身份证或组织机构代码证
  ↓
办证审核 ──→ 行驶证原件
         ──→ 车辆购置税（费）凭证
  ↓
交易    ──→ 尾气排放检测证明
  ↓
商定价格 ──→ 根据评估价格、市场同类产品交易价格
  ↓
买家支付定金
  ↓
签订合同
  ↓
过户或转籍 ──→ 买家支付余额，交易完成
```

图 8-16　二手车交易流程图

二、任务实施

在教师的指导下完成工作计划:
1）各组学生互相监督完成二手车交易流程。
2）各组学生互相监督完成二手车置换业务。

三、巩固与练习

（一）选择题

1. 以下关于二手车收购的说法，错误的是（　　）。
   A. 已报废或者达到国家强制报废标准的车辆不能收
   B. 通过盗窃、抢劫、诈骗等违法犯罪手段获得的车辆不能收
   C. 不具法定证明、凭证的车辆不能收
   D. 4S 店置换的车辆不能收

2. 二手车整备前检查内容包括（　　）、估价报告表、确认维修项目、整修派工。
   A. 入库车检查表
   B. 保险单
   C. 原车发票
   D. 上架检查表

3. 二手车评估师拍摄车辆时，所谓拍摄距离是指（　　）与被拍车辆的远近。
   A. 镜头
   B. 拍摄立足点
   C. 眼睛
   D. 参照物

（二）判断题

1. 展示车辆铭牌时，为保护隐私，一般将车辆车架号部分隐藏。（　　）
2. 一般来说成交价、客观价、评估价三者之间的关系实际会呈现为：成交价 < 客观价 < 评估价。（　　）
3. 客户询价时通常要用绝对方式回答，一开始就报高价。（　　）

（三）简答题

1. 二手车收购的途径有哪些？
2. 简述二手车销售过程中的一些注意事项和销售技巧。

任务九　二手车电商平台

一、工作计划与决策

将全班同学分组，四人一组，两人扮演买车客户，一人扮演平台客服人员，一人扮演门店销售顾问。根据客户需求情况，制订客户浏览、咨询、预约看车试车和完成交易计划，并进行二手车电商平台操作。具体的工作内容如下。

1. 平台操作流程

与传统的二手车交易相比，二手车电商的本质是二手车行业的数字化改造，且这一进程正从数字化营销与数字化客户关系管理相结合的阶段向数字化全服务生态发展。首先二手车电商平台利用线上优势，整合了大量车源，实现了车辆的信息汇总与扩散，在吸引客源的同时，还方便客户直接浏览查看，大大节约了客户的时间成本，同时也提高了企业的工作效率；而后开始扩大面向经销商的服务体系建设，利用数字化平台工具加速车辆流通。下面以驷马先二手车电商平台为例（见图9-9），对平台操作流程进行说明。

平台区分企业和客户两个角色。平台管理员可以根据企业员工角色建立对应的操作员并进行授权，主要针对企业内部门店管理和商城车源进行维护、管理。客户通过平台进行注册，登录后可以根据自身需求筛选匹配车辆，根据自身意愿联系平台客服人员或门店销售顾问进行咨询。

2. 平台操作

（1）车源管理　平台操作人员登录平台后，单击【我的】—【车源管理】即可查看平台有效车源，如图9-10所示。

快捷搜索功能提供常用的搜索条件，单击【搜索】选择不同的筛选条件，可以快速添加新的车源。添加车源时，依次填写客户信息、车辆基本信息及车辆图片、证件、评估等信息，完成后上架到商城。

添加基本信息时，支持扫码车源的车架号（VIN码），系统根据行业大数据自动填写该车源的车型名称、排量、变速器等基础信息。再根据提示填写其他信息，如车辆外观、上牌日期、保险到期日期、里程数、客户意向价格等信息，单击"提交"，进入车源图片添加步骤。车源图片包括基础图片、证件图片及其他图片。根据提示添加对应位置的车源图片，如【正面】位置请上传车辆正前方照片（车源照

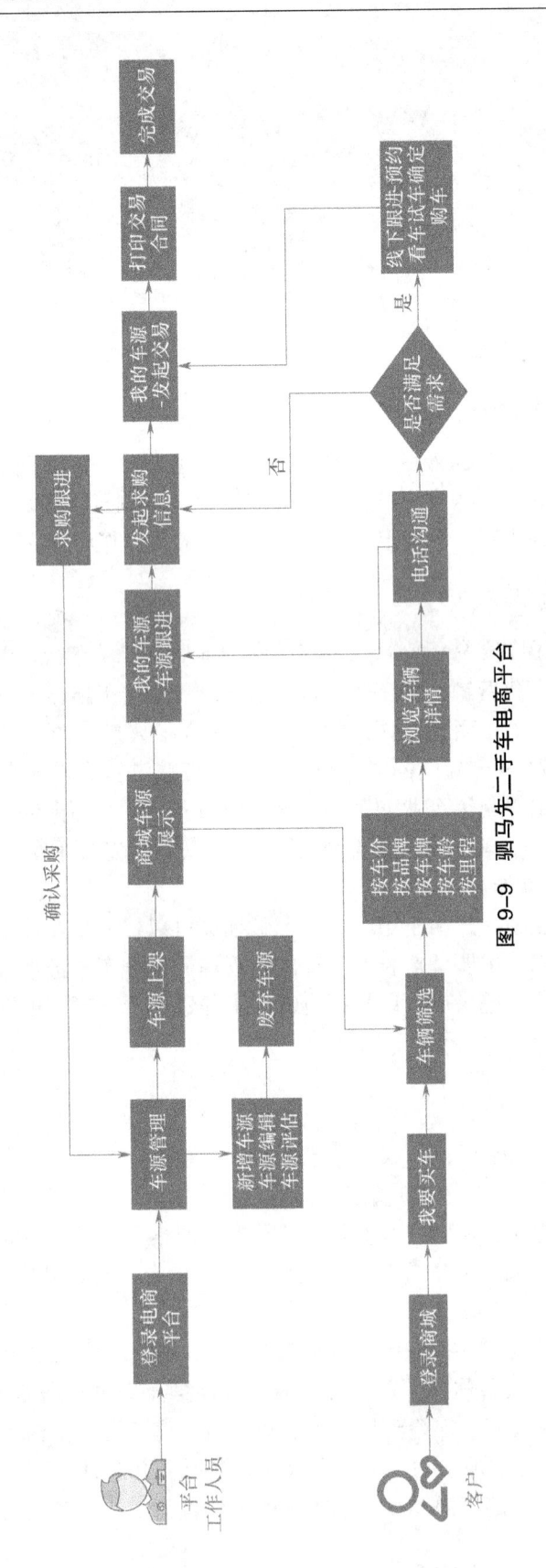

图 9-9 骠马先二手车电商平台

图 9-10　车源管理车源列表

片长宽比应大于 1，即手机拍照时请横拍，竖拍照片不允许上传）。全部图片上传完成后，单击"下一步"，进入评估图片上传环节。所有图片添加完成后可预览上架，如图 9-11 和图 9-12 所示。

图 9-11　新增车源 – 客户信息与车辆信息

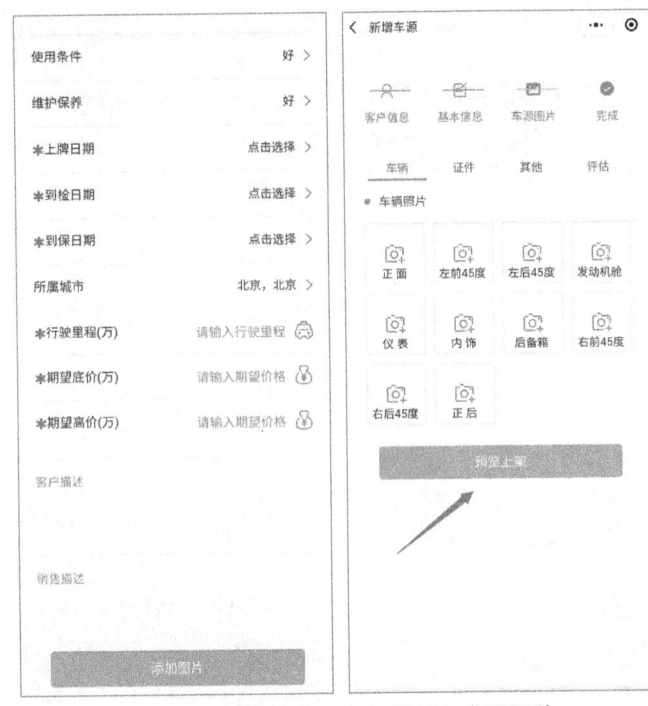

图 9-12 新增车源 – 车辆描述与车源图片

车辆的真实照片在平台上是一项特别好的宣传载体，同时给客户非常直观的视觉效果。照片拍摄时，可选择正前面、正后面、侧面、侧前面、侧后方、仪表、内饰、发动机舱等多个角度，将整个车辆很好地呈现。拍摄时掌握以下要点：

1）正面照：主要展示车辆标志、前脸、正面整体美感，如图 9-13 所示。

2）后面照：展示车辆尾部造型、尾灯、排气管，特别是将双排气管的效果很好地展示出来，如图 9-14 所示。

图 9-13 正面照 　　　　图 9-14 后面照

3）侧面照：展示车辆侧身线条，特别是流线型车身和运动车型，如图 9-15 所示。

4）侧前后方 45°照：展示侧面车身及轮胎、轮毂信息，显得更加犀利，如图 9-16 所示。

图 9-15 侧面照 　　　　　　　　图 9-16 侧前后方 45°照

5）内饰照：主要展示车内转向盘、中控台、前后排座椅、前排驾驶空间、后排乘坐空间等，如图 9-17 所示。

6）仪表照：展示仪表信息，重点是里程数透明公开，如图 9-18 所示。

图 9-17 内饰照 　　　　　　　　图 9-18 仪表照

7）发动机舱照：展示车辆发动机舱结构、整洁度、规整度，如图 9-19 所示。

图 9-19 发动机舱照

（2）我要买车　客户登录平台，可以查看平台所有的有效车源，单击菜单栏中的【我要买车】，即可查看平台全部有效车源。如图 9-20 所示，"快捷搜索"提供常用的搜索条件，如按品牌、车型、车价、车龄等搜索；"更多筛选"提供其他搜索条件，选择不同的筛选条件。这样可以快速找到自己想要的车源，进行车辆详情的查询（见图 9-21），并根据自己意愿进行沟通咨询。

图 9-20　我要买车

图 9-21　PC 端和小程序端 - 车辆详情查询

（3）车源交易　客户确认买车后，工作人员登录平台，在"车源列表"内选择相应车源信息，单击【交易】，在下方"求购列表"中选择对应的求购信息，选择该求购左滑，再单击【发起交易】，如图 9-22 所示。

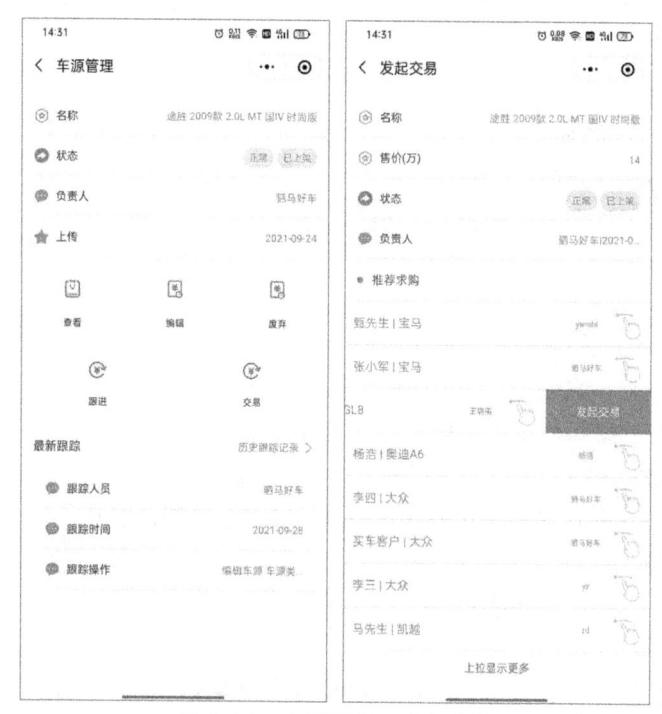

图 9-22　车源列表 – 发起交易

接下来进行交易，填写交易双方信息，如成交价、销售佣金、整备费用、是否贷款等，填写完成后，单击【确定】，如图 9-23 所示。

图 9-23　车源列表 – 交易详情

二、任务实施

在教师的指导下完成工作内容：
1）完成平台中的相关操作内容与交易环节的演练。
2）各组学生互相监督，说出二手车电商平台的特点。

三、巩固与练习

（一）选择题

1. 随着互联网的普及，二手车电商平台层出不穷，几乎涵盖了二手车所有环节。目前，整个二手车电商行业主要的商业模式包括（　　）。
   A. C2B 模式　　　　B. B2B 模式　　　　C. B2C 模式　　　　D. C2C 模式
2. 绝大多数客户对二手车的车况会有明显的担忧，这种担忧体现在他们对绝大多数平台和车商都缺少信任，这让他们天然地抗拒线上支付全款购买二手车。这体现了二手车客户（　　）的特点。
   A. 相关性　　　　B. 客观性　　　　C. 独立性　　　　D. 最缺乏信任
3. 二手车电商会通过一系列手段来赢得客户的信任，具体包括（　　）等。
   A. 在售前，更加透明的车价，甚至是直接展示全包价，即承诺展示价格即客户需要购买这辆二手车的全部花销，甚至将部分国家收取的税费也包含在内
   B. 更加透明的车况，对平台所有车源做出基本的保证，即无严重事故、无火烧、无水泡、无调表
   C. 提供包含数百项检测点的检测报告，明确告知现存问题，一般为轻微的外观擦伤及磨损等
   D. 提供一些虚假的服务承诺，打消客户顾虑，促进成交
4. 客户可以通过（　　）等多种方式，在二手车电商平台搜索合适车源。
   A. 车型　　　　B. 车价　　　　C. 车龄　　　　D. 品牌
5. 车辆的真实照片在二手车电商平台上是一项特别好的宣传载体，同时给客户非常直观的视觉效果。照片拍摄时，可选择多个角度将整个车辆很好地呈现，具体包括（　　）等。
   A. 正前面、正后面　　　　　　　　B. 侧面、侧前面、侧后方
   C. 仪表、内饰　　　　　　　　　　D. 发动机舱

（二）判断题

1. B2B 平台模式主要是面向车辆销售商，并不介入车辆的直接交易，而是搭建一个二手车商间的 B2B 拍卖交易平台。（　　）
2. C2C 的盈利模式主要来自买方支付的交易服务费。（　　）

（三）简答题

二手车电商平台的模式类型有哪些？

(续)

已使用年限	规定使用年限 15 年			规定使用年限 10 年			规定使用年限 8 年		
	等速折旧法	加速折旧法		等速折旧法	加速折旧法		等速折旧法	加速折旧法	
		年数求和法	双倍余额递减法		年数求和法	双倍余额递减法		年数求和法	双倍余额递减法
11	26.67	8.33	20.72						
12	20.00	5.00	17.96						
13	13.33	2.50	15.56						
14	6.67	0.83	13.49						
15	0	0	11.69						

成新率查表举例：假设一辆私家车开了6年，在"已使用年限"一栏中找到"6"，由于私家车使用年限是15年，则在"规定使用年限15年"这一栏中查找，可得"等速折旧法"成新率为60%，"年数求和法"成新率为37.5%，"双倍余额递减法"成新率为42.38%。显然差别比较大，成新率的确定是个比较复杂的过程。初学者可以这样来区分：纯车价10万元左右的车一般用"等速折旧法"，还要乘以调整系数；纯车价15万~25万元的车一般用"双倍余额递减法"；纯车价在25万元以上的车一般用"年数求和法"。

（7）调整系数 调整系数的确定是以使用年限法为基础的，是综合考虑二手车的实际技术状况、维护保养情况及使用条件等多种因素的影响，来调整车辆成新率的一种方法。

影响二手车成新率的主要因素有二手车技术状况、二手车维护保养、二手车原始制造质量、二手车的用途及二手车的使用条件等五个方面，其综合调整系数$\Sigma\beta$的确定可参考表7-4所列综合调整系数（用β表示）界定。

1）影响旧汽车价格的几大因素：

①技术状况 K_1；

②维护保养 K_2；

③品牌地域 K_3；

④使用性质（营、公、私）K_4；

⑤工作条件（道路、气候）K_5。

2）计算公式：

$$K=K_1\times 30\%+K_2\times 25\%+K_3\times 20\%+K_4\times 15\%+K_5\times 10\%$$

表 7-4　综合调整系数（用 β 表示）界定

序号	影响因素	影响因素分级	分支调整系数 β_i	权重 α_i
1	车辆总体技术状况	好	0.9~1.0	30%
		较好	0.7~0.8	
		一般	0.5~0.6	
		较差	0.4	
		差	0.3	
2	车辆维护保养及外观	好	1.0	25%
		较好	0.8~0.9	
		一般	0.7	
		较差	0.6	
3	车辆制造质量与国别	进口	1	20%
		国产名牌	0.9	
		国产非名牌	0.8	
4	车辆工作性质（用途）	私用	1.0	15%
		公务、商务	0.8~0.9	
		营运	0.5~0.6	
5	车辆使用条件（行驶路况）	较好	1.0	10%
		一般	0.8~0.9	
		较差	0.5~0.6	

（8）实例计算

1）计算步骤：

① 确定重置成本。

②确定年限成新率。

③确定综合调整系数。

④计算评估值。

2）案例分析：肖先生有一辆日产轩逸轿车要转让，该车于 2018 年 6 月份购买，购买价值为 128000 元，初次登记日期是 2018 年 6 月，使用 3 年后于 2021 年 6 月进入二手车交易市场估价交易。经核对相关证照齐全；经现场鉴定，车身外观较好、车况较好、保养良好、行驶路况良好，评估基准日为 2021 年 6 月。在评估时，已知该新车的现行市场销售价值为 115000 元，试评估该车的现时市场价值。以下是使用综合分析法评估该车价值的步骤：

①计算重置成本。

$$重置成本 = 纯车价 + 购置税$$
$$= 纯车价 + （纯车价/1.13）\times 10\%$$
$$= 纯车价 \times （1+1\div 1.13）\times 10\%$$
$$= 115000 \times 1.088 = 125120（元）$$

②使用年限法计算成新率。该车为私家轿车，报废年限为15年，即180个月，初次登记日期是2018年6月，评估基准日为2021年6月，已使用时间为36个月。

$$\beta_N = \left(1-\frac{N_1}{N_0}\right)\times 100\% = \left(1-\frac{36}{180}\right)\times 100\% = 80\%$$

③计算综合调整系数。根据题意查表7-4，各影响因素调整系数取值为：技术状况（30%），良好，取0.9；维护保养（25%），良好，取0.9；制造质量（20%），国产名牌，取0.9；使用性质（15%），非营运（私用），取1.0；工作条件（10%），良好，取1.0。

估算综合调整系数：

$$K = K_1 \times 30\% + K_2 \times 25\% + K_3 \times 20\% + K_4 \times 15\% + K_5 \times 10\%$$
$$= 0.9\times 30\% + 0.9\times 25\% + 0.9\times 20\% + 1.0\times 15\% + 1.0\times 10\%$$
$$= 0.925$$

④计算评估值。
$$P = P' \times \beta = 125120 \times 80\% \times 0.925 = 92588.8（元）$$

说明：新法规对小型非营运客车规定使用年限从15年延长到无限期使用，新法规对二手车价值评估没有造成巨大影响，建议用重置成本法计算二手车价值时可按老法规的15年计算，并按当地市场价值微调。

（9）应用重置成本法的四个前提条件

1）购买者对拟行交易的评估对象，不改变原来用途。

2）评估对象的实体特征、内部结构及其功能效用必须与假设重置的全新资产具有可比性。

3）评估对象必须是可以再生的，可以复制的。不能再生、复制的评估对象不能采用重置成本法。

4）评估对象必须是随着时间的推移具有陈旧贬值性的资产，否则就不能运用重置成本法进行评估。

2. 采用现行市价法进行车辆价值估算

（1）采用现行市价法评估的步骤

1）收集资料。收集评估对象的资料，包括车辆的类别名称、型号和性能、生产厂家及出厂年月，了解车辆目前使用情况、实际技术状况以及尚可使用的年限等。

2）选定类比车辆。采用现行市价法评估所选定的类比车辆必须具有可比性，可比性因素包括：

①车辆型号。采用现行市价法评估所选定的类比车辆的型号应当一致。

②车辆制造厂家。采用现行市价法评估所选定的类比车辆应是同一车辆制造厂家生产的产品。

③车辆来源。采用现行市价法评估所选定的类比车辆来源应当相似，如同属于私用、公务、商务或是营运出租车辆。

④车辆使用年限、行驶里程数。采用现行市价法评估所选定的类比车辆的使用年限、行驶里程数应当类似。

⑤车辆实际技术状况。采用现行市价法评估所选定的类比车辆的实际技术状况应当类似。

⑥市场状况。采用现行市价法评估所选定的类比车辆所处的市场状况应当类似，如处于衰退萧条或是复苏繁荣，供求关系是买方市场还是卖方市场。

⑦交易动机和目的。车辆出售是以清偿为目的或是以淘汰转让为目的，买方是获利转手倒卖或是购置自用，不同情况交易作价往往有较大的差别。

⑧车辆所处的地理位置。不同地区的交易市场，同样车辆的价格有较大的差别。

⑨成交数量。单台交易与成批交易的价格会有一定差别。

⑩成交时间。应尽量采用近期成交的车辆作类比对象，由于市场随时间的变化，往往受通货膨胀及市场供求关系变化的影响，价格有时波动很大。

按以上可比性因素选择参照对象，一般选择与被评估对象相同或相似的3个以上的交易案例。某些情况找不到多个可类比的对象时，应按上述可比性因素，仔细分析选定的类比对象是否具有一定的代表性，要认定其成交价的合理性，才能作为参照物。

3）分析、类比。综合上述可比性因素，对待评估的车辆与选定的类比对象进行认真的分析比较、量化和调整。综合被评估车辆与参照物之间的各种可比性因素，对其作用程度加以确定，并尽可能地予以量化、调整。

①销售时间差异的量化。在选择参照物时应尽可能选择评估基准日的成交案例，以免去销售时间差异的量化步骤。若参照物的交易时间在评估基准日之前，可采用价格指数法将销售时间差异量化并调整。

②车辆性能差异的量化。车辆性能差异的具体表现是车辆营运成本的差异，可以通过测算超额营运成本的方法将性能方面的差异量化。

③新旧程度的差异及量化。被评估机动车与参照物在新旧程度上不一定会完全一致，参照物也未必是全新汽车。这就要求评估人员对被评估机动车与参照物的新旧程度做出基本判断，取得被评估机动车和参照物成新率后，以参照物价格乘以被评估机动车与参照物成新率之差，即可得到两个机动车新旧程度的差异量。

新旧程度差异量＝参照物价格×（被评估机动车成新率－参照物成新率）

④销售数量的差异及量化。销售量的大小、采用何种付款方式均会对汽车成交单价产生影响，对这两个因素在被评估机动车与参照物之间的差异应先了解清楚，然后根据具体情况做出必要的调整。一般来说，卖主充分考虑货币的时间价值，他会以较低的单价吸引购买者（常为经纪人）多买二手车，因为尽管价格比零售价低，但可提前收到货款。销售数量的不同会造成成交价格的差异，必须对此差异进行分析，适当调整被评估机动车的价值。

⑤付款方式的差异及量化。在二手车交易中，绝大多数为现款交易，在我国一些经济较活跃的地区已出现了二手车的银行按揭销售。银行按揭的二手车与一次性付款的二手车的价格差异由两部分组成：一是银行的贷款利息，贷款利息按贷款的年限确定；二是汽车按揭保险费，各保险公司的机动车按揭保险费率不完全相同，会有一些差异。找出主要差异后，对其作用程度要加以确定且予以量化，并做出相应的调整。

4）汇总差异量化值，求出车辆评估值。对上述各差异因素量化值进行汇总，给出车辆的评估值。以数学表达式为：

$$被评估车辆的价值 = 参照物现行市价 \pm \sum 差异量$$

$$被评估车辆的价值 = 参照物现行市价 \times 差异调整系数$$

用市价法进行评估，要全面了解市场情况，这是市价法评估的关键。

5）采用现行市价法的优缺点。用现行市价法得到的评估值能够客观反映旧车辆目前的市场情况，其评估的参数、指标直接从市场获得，评估值能反映市场现实价格，因此评估结果易于被各方面理解和接受。这种方法的不足是需要以公开及活跃的市场作为基础，有时寻找参照对象困难，可比因素多而复杂，即使是同一个生产厂家生产的同一型号的产品，同一天登记，由于不同的车主使用，因其使用强度、使用条件、维修水平等多种因素作用，其实体损耗、新旧程度都各不相同。

（2）现行市价法评估应用举例　下面用实例说明利用现行市价法估算车辆价格的具体计算过程。

评估人员在对某辆汽车进行评估时，选择了三个近期成交的与被评估车辆类别、结构基本相同，经济技术参数相近的车辆做参照物。参照物与被评估车辆的一些具体经济技术参数见表7-5。

表7-5　被评估车辆及参照物的有关经济技术参数

序号	经济技术参数	计量单位	参照物A	参照物B	参照物C	被评估车辆
1	车辆交易价格	元	50000	65000	40000	
2	销售条件		公开市场	公开市场	公开市场	公开市场
3	交易时间		6个月前	2个月前	10个月前	
4	已使用年限	年	5	5	6	5
5	尚可使用年限	年	5	5	4	5
6	成新率	%	60	75	55	70
7	年平均维修费用	元	20000	18000	25000	20000
8	油耗	L/100km	25	22	28	24

1）对被评估车辆与参照物之间的差异进行比较、量化。

①销售时间的差异。根据搜集到的资料表明，在评估之前到评估基准日之间的一年内，物价指数大约每月上升0.5%左右。各参照物与被评估车辆由于时间差异所产生的差额如下：

a）被评估车辆与参照物A相比较晚6个月，价格指数上升3%，其差额为：

$$50000 元 \times 3\% = 1500 元$$

b）被评估车辆与参照物B相比较晚2个月，价格指数上升1%，其差额为：

$$65000 元 \times 1\% = 650 元$$

c）被评估车辆与参照物C相比较晚10个月，价格指数上升5%，其差额为：

$$40000 元 \times 5\% = 2000 元$$

②车辆的性能差异。

a）按每日运营150km、每年平均出车250天，计算各参照物与被评估车辆每年由于燃料消耗的差异所产生的差额（燃料价格按6.4元/L计算）。

A车每年比被评估车辆多消耗的燃料费用为：
$$（25L-24L）×6.4元/L×150/100×250=2400元$$

B车每年比被评估车辆少消耗的燃料费用为：
$$（24L-22L）×6.4元/L×150/100×250=4800元$$

C车每年比被评估车辆多消耗的燃料费用为：
$$（28L-24L）×6.4元/L×150/100×250=9600元$$

b）各参照物与被评估车辆每年由于维修费用的差异所产生的差额为：

A车与被评估车辆每年维修费用的差额为：
$$20000元-20000元=0元$$

B车比被评估车辆每年少花费的维修费用为：
$$20000元-18000元=2000元$$

C车比被评估车辆每年多花费的维修费用为：
$$25000元-20000元=5000元$$

c）由于运营成本不同，各参照物每年与被评估车辆的差异为：

A车比被评估车辆每年多花费的营运成本为：
$$2400元+0=2400元$$

B车比被评估车辆每年少花费的营运成本为：
$$4800元+2000元=6800元$$

C车比被评估车辆每年多花费的营运成本为：
$$9600元+5000元=14600元$$

d）取所得税率为33%，则税后各参照物每年比被评估车辆多（或少）花费的营运成本为：

税后A车比被评估车辆每年多花费的营运成本为：
$$2400元×（1-33%）=1608元$$

税后B车比被评估车辆每年少花费的营运成本为：
$$6800元×（1-33%）=4556元$$

税后C车比被评估车辆每年多花费的营运成本为：

$$14600 \text{元} \times (1-33\%) = 9782 \text{元}$$

e）使用的折现率为10%，则在剩余的使用年限内，各参照物比被评估车辆多（或少）花费的运营成本为：

A车比被评估车辆多花费的营运成本折现累加为：
$$1608 \times (P/A, 10\%, 5) = 1608 \text{元} \times 3.7908 \approx 6096 \text{元}$$

B车比被评估车辆少花费的营运成本折现累加为：
$$4556 \text{元} \times (P/A, 10\%, 5) = 4556 \text{元} \times 3.7908 \approx 17271 \text{元}$$

C车比被评估车辆多花费的营运成本折现累加为：
$$9782 \text{元} \times (P/A, 10\%, 5) = 9782 \text{元} \times 3.7908 \approx 37082 \text{元}$$

③成新率的差异。

a）A车与被评估车辆，由于成新率的差异所产生的差额为：
$$50000 \times (70\% - 60\%) = 5000 \text{元}$$

b）B车与被评估车辆，由于成新率的差异所产生的差额为：
$$65000 \times (70\% - 75\%) = -3250 \text{元}$$

c）C车与被评估车辆，由于成新率的差异所产生的差额为：
$$40000 \times (70\% - 55\%) = 6000 \text{元}$$

2）根据被评估车辆与参照物之间差异的量化结果，确定车辆的评估值。

①初步确定车辆的评估值。

a）与参照物A相比分析调整差额，初步评估的结果为：
$$\text{车辆评估值} = 50000 \text{元} + 1500 \text{元} + 6096 \text{元} + 5000 \text{元} = 62596 \text{元}$$

b）与参照物B相比分析调整差额，初步评估的结果为：
$$\text{车辆评估值} = 65000 \text{元} + 650 \text{元} - 17271 \text{元} - 3250 \text{元} = 45129 \text{元}$$

c）与参照物C相比分析调整差额，初步评估的结果为：
$$\text{车辆评估值} = 40000 \text{元} + 2000 \text{元} + 37082 \text{元} + 6000 \text{元} = 85082 \text{元}$$

②综合定性分析，确定车辆的评估值。从上述初步估算的结果可知，按三个不同的参照物进行比较测算，初步估算的结果最多相差近4万元（85082元 -45129元 =39953元）。其中一部分原因是三个参照物的成新率不同（参照物A为60%，参照物B为75%，参照物C为55%）。另外，在选取有关的经济技术参数时也可能存在误差。为减少误差，结合考虑被评估车辆与参照物的相似程度，决定采用加权平均法确定评估值。参照物B的交易时间离评估基准日较接近（仅隔2个月），且已使用年限、尚可使用年限、成新率等都与被评估车

辆最相近。由于它的相似程度比参照物 A、C 更大，故决定选取参照物 B 的加权系数为 60%。参照物 A 的交易时间、已使用年限、尚可使用年限、成新率等比参照物 C 的相似程度更大，故决定取参照物 A 的加权系数为 30%。取参照物 C 的加权系数为 10%。加权平均后，车辆的评估值为：

车辆评估值= 45129 元 × 60%+62596 元 × 30%+85082 元 × 10%≈54364 元

3. 采用收益现值法进行车辆价值估算

（1）收益现值法的定义　收益现值法是将被评估的车辆在剩余寿命期内的预期收益，折现为评估基准日的现值，借此来确定车辆价值的一种评估方法。也就是说，现值在这里被视为车辆的评估值，而且现值的确定依赖于未来预期收益。

（2）收益现值法评估值的计算　运用收益现值来评估车辆的价值反映了这样一层含义：收益现值法把车辆所有者期望的收益转换成现值，这一现值就是购买者未来能得到好处的价值体现。其基本计算公式为：

$$P = \sum_{i=1}^{n} \frac{A_t}{(1+i)^t} = \frac{A_1}{(1+i)^1} + \frac{A_2}{(1+i)^2} + \cdots + \frac{A_n}{(1+i)^n}$$

式中，A_t 为未来第 t 个收益期的预期收益额，收益期有限时（机动车的收益期是有限的），其中还包括期末车辆的残值（在估算时，残值一般忽略不计）；n 为收益年期（剩余经济寿命的年限）；i 为折现率；t 为收益期，一般以年计。

当 $A_1=A_2=\cdots A_n=A$ 时，即 t 从 1~n 未来收益分别相同为 A 时，则有

$$P = A\left[\frac{1}{1+i} + \frac{1}{(1+i)^2} + \frac{1}{(1+i)^3} + \cdots + \frac{1}{(1+i)^n}\right] = A\frac{(1+i)^n-1}{i(1+i)^n}$$

例如，某企业拟将一辆金杯牌 10 座旅行客车转让，某个体工商户准备将该车用作载客营运。按国家相关汽车报废标准规定，该车辆剩余使用年限为 3 年，经预测得出 3 年内各年预期收益的数据见表 7-6，由表中数据可以确定评估值为：9259+6854+5557=21670 元。

表 7-6　预期收益表

年份	收益额（元）	折现率（%）	折现系数	收益折现值（元）
第一年	10000	8	0.9259	9259
第二年	8000	8	0.8573	6854
第三年	7000	8	0.7938	5557

（3）收益现值法中各评估参数的确定

1）剩余使用寿命期的确定。剩余使用寿命期指从评估基准日到车辆到达报废的年限。如果剩余使用寿命期估计过长，就会高估车辆价格；反之，则会低估价格。因此，必须根据车辆的实际状况对剩余寿命做出正确的评定。对于各类汽车来说，该参数按国家相关汽车报废标准确定是很方便的。

2）预期收益额的确定。收益现值法运用中，收益额的确定是关键。收益额是指由被评估对象在使用过程中产生的超出其自身价值的溢余额。对于预期收益额的确定应把握以下两点：

①预期收益额指的是车辆使用带来的未来收益期望值，是通过预测分析获得的。无论对于所有者还是购买者，判断某车辆是否有价值，首先应判断该车辆是否会带来收益。对其收益的判断，不仅仅是看现在的收益能力，更重要的是预测未来的收益能力。

②以企业为例，计量收益额的指标目前有几种观点：一是考虑企业所得税后利润；二是考虑企业所得税后利润与提取折旧额之和扣除投资额；三是考虑利润总额。为估算方便，推荐选择第一种观点，目的是准确反映预期收益额。

3）折现率的确定。折现率是将未来预期收益折算成现值的比率。它是一种特定条件下的收益率，说明车辆取得该项收益的收益率水平。收益率越高，意味着单位资产的增值率越高，在收益一定的情况下，所有者拥有资产价值越低。在计量折现率时必须考虑风险因素的影响，否则，就可能过高地估计车辆的价值。一般来说，折现率应包括无风险收益率和风险报酬率两方面的风险因素，即：

$$折现率 = 无风险收益率 + 风险报酬率$$

需要注意的是，折现率与利率不完全相同，利率是资金的报酬，折现率是管理的报酬。利率只表示资产（资金）本身的获利能力，而与使用条件、占用者和使用用途没有直接联系；折现率则与车辆以及所有者使用效果有关。折现率一般不好确定，其确定的原则应该起码不低于商业银行存款的利率。

4）收益现值法评估的程序。收益现值法评估的程序是：调查、了解营运车辆的经营行情及营运车辆的消费结构；充分调查了解被评估车辆的情况和技术状况；根据调查、了解的结果，预测车辆的预期收益，确定折现率；将预期收益折现处理，确定旧机动车评估值。

5）收益现值法的优缺点。采用收益现值法的优点是与投资决策相结合，容易被交易双方接受；能真实和较准确地反映车辆本金化的价格。采用收益现值法的缺点是预期收益额预测难度大，受较强的主观判断和未来不可预见因素的影响。

4. 采用清算价格法进行车辆价值估算

（1）清算价格法的基本概念　清算价格法是以清算价格为标准，对旧车辆进行的价格评估。清算价格是指企业由于破产或其他原因，要求在一定的期限内将车辆变现，在企业清算之日预期出卖车辆可收回的快速变现价格。清算价格法在原理上基本与现行市价法相同，区别在于企业因迫于停业或破产，急于将车辆拍卖、出售，所以清算价格常低于现行市场价格。

（2）决定清算价格的主要因素　在旧车评估中，决定清算价格的主要因素包括破产形式、债权人处置车辆的方式、清理费用、拍卖时限、公平市价和参照物价格等。

1）破产形式。如果企业丧失车辆处置权，出售的一方无讨价还价的可能，则以买方出价决定车辆售价；如果企业未丧失处置权，出售车辆一方尚有讨价还价余地，则以双方议价决定售价。

2）债权人处置车辆的方式。按抵押时的合同契约规定执行，如公开拍卖或收回归己有。

3）清理费用。在破产等评估车辆价格时应对清理费用及其他费用给予充分考虑。

4）拍卖时限。一般说时限长售价会高些，时限短售价会低些，这是由快速变现原则的作用所决定的。

5）公平市价。它是指车辆交易成交双方都满意的价格。在清算价格中卖方满意的价格一般不易求得。

6）参照物价格。它是指在市场上出售相同或类似车辆的价格。市场参照车辆价格高，车辆出售的价格一般就会高，反之则低。

（3）评估清算价格的方法　旧车评估清算价格的方法主要有现行市价折扣法和意向询价法以及竞价法。

1）现行市价折扣法。现行市价折扣法是指对清理车辆，首先在旧车市场上寻找一个相适应的参照物；然后根据快速变现原则估定一个折扣率，并据以确定其清算价格。

例如，经调查，一辆旧桑塔纳轿车在旧车市场上成交价为 4 万元。根据销售情况调查，折价 20% 可以当即出售。则该车辆清算价格为 4×（1–20%）= 3.2 万元。

2）意向询价法。意向询价法是指根据向被评估车辆的潜在购买者询价的办法取得市场信息，最后经评估人员分析确定其清算价格的一种方法。用这种方法确定的清算价格受供需关系影响很大。

例如，一台大型拖拉机，拟评估其拍卖清算价格。评估人员经过对三个农场、两家农机公司和三个农机销售商征询，其估价平均值为 6.1 万元。考虑目前年关将至和其他因素，评估人员确定清算价格为 5.8 万元。

3）竞价法。竞价法是指由法院按照法定程序（破产清算）或由卖方根据评估结果提出一个拍卖的底价，在公开市场上由买方竞争出价。

（4）清算价格法评估应用实例　下面举例说明利用清算价格法估算车辆清算价格的具体过程。

某法院欲在近期内将其扣押的一辆轻型载货汽车拍卖出售。至评估基准日止，该汽车已使用了 1 年 6 个月，车况与其新旧程度相符。试评估该车的清算价格。

据了解，本次评估的目的属债务清偿，应采用的评估方法为清算价格法。根据被评估车辆的实际情况和所掌握的资料，决定首先利用重置成本法确定车辆在公平市场条件下的评估价格，然后根据市场调查，按一定的折现率确定汽车的清算价格。

1）确定车辆的重置成本全价。据市场调查，全新的此型车目前的售价为 5.5 万元。根据相关规定，购置此型车时，要缴纳 10% 的车辆购置附加费、3% 的货运附加费，故被评估车辆的重置成本全价为：

$$重置成本全价 = 55000 元 ×（1+10\%+3\%）= 62150 元$$

2）确定车辆的成新率。被评估车辆的价值不高，且车辆的技术状况与其新旧程度相符，故决定采用使用年限法确定其成新率。根据相关规定，被评估车辆的使用年限为 10 年，折合为 120 个月。该车已经使用年限为 1 年 6 个月，折合为 18 个月。故被评估车辆的成新率为：

$$成新率 =（1-18/120）\times 100\% = 85\%$$

3）确定被评估车辆在公平市场条件下的评估值。根据调查、了解，被评估车辆的功能性损耗及经济性损耗均很小，可忽略不计。故在公平市场条件下，该车的评估值为：

$$62150 元 \times 85\% \approx 52828 元$$

4）确定折扣率。根据市场调查，折扣率取 75% 时，可在清算日内售出车辆，故确定折扣率为 75%。

5）确定被评估车辆的清算价格。该车清算价格为：

$$车辆的清算价格 = 52828 元 \times 75\% = 39621 元$$

三、工作计划与决策

将全班同学分组，四人一组，两人扮演客户，一人扮演评估师，一人扮演估价人员，根据客户车辆状况和需求情况，选择适合的价值评估方法，对车辆进行价值评估并填写练习册中的表 7-7。

四、任务实施

在教师的指导下完成工作计划：

1）各组学生互相监督选择适合的价值评估方法。

2）各组学生互相监督完成车辆价值评估。

五、评价反思

请扫下方二维码进行评价。

六、巩固与练习

具体内容见练习册第 26 页。

任务八 二手车交易

学习情境

客户李先生想要购置一辆二手车，他找到评估师小王，小王向李先生讲解了二手车市场的交易内容及流程，帮助李先生买到自己喜欢的车辆。

任务分析

二手车经销商需要根据买家的需求情况，向客户推荐能够满足客户需求的二手车。

学习目标

知识目标

1）能描述二手车收购的相关内容。
2）能够描述二手车销售技能。
3）能够准确描述二手车评估价与销售定价的关系。
4）能够准确描述二手车置换业务。
5）能够描述二手车数字化的鉴定评估。

技能目标

1）能够掌握二手车销售技能。
2）能够完成二手车置换业务。
3）能够掌握二手车数字化鉴定评估应用。

素养目标

1）通过工作任务的实施，培养学生的沟通能力。
2）通过二手车交易的学习，培养学生的行业法规意识。
3）通过任务的达成，培养学生诚信服务的工作态度。

✍ 学习任务

掌握二手车交易的相关知识。

一、学习准备

车辆准备：实训车辆。
资料准备：学习资源、学习活动过程评价表、综合评价表。
学生准备：学生分组。

二、信息收集

1. 二手车商汽车销售

二手车的销售和新车销售稍有不同，一般包括二手车收购（较大的二手车商不需要销售顾问直接去收车）、二手车整备（主要是车辆清洁、美容）、客户开发（线上、线下集客）、客户店面接待、需求分析、二手车产品介绍、试驾车辆、确定金融保险方案、协商成交、交车、售后关怀等环节。由于二手车交易特点是"一车一价"，所以会讲故事的二手车销售顾问往往能更好地促进成交。在销售过程中，要注意二手车交易的相关法律法规，做到遵纪守法。在交易估价时，要做到有理有据，诚信经营。

（1）二手车收购及整备

1）二手车商的收车渠道。以下是常见的收车渠道：

①直接到市场里来卖车的车主，有部分车主认为到 4S 店的置换价格低，或不是置换的车主就直接开到二手车市场来卖。

②朋友介绍，修理厂介绍，外地中介介绍。

③二手车商同行之间批发，特别是经济比较落后的地区，销售的高端品牌二手车的主要来源为发达城市同行的批发。例如广西的很多二手车商，会到广东、浙江、四川批发高端品牌二手车，这是高端品牌二手车的一个主要来源渠道。

④各大交易网站，通过搜寻二手车交易网站个人发布售车信息，邀约车主见面把车卖给二手车商。

⑤4S 店置换车，和各大汽车 4S 店建立关系，4S 店置换的车辆是二手车商的来源渠道之一。

2）坚决不能收的二手车。以下这些车不能收：

①已报废或者达到国家强制报废标准的车辆。

②在抵押期间或者未经海关批准交易的海关监管车辆。

③在人民法院、人民检察院、行政执法部门依法查封、扣押期间的车辆。

④通过盗窃、抢劫、诈骗等违法犯罪手段获得的车辆。

⑤发动机号、车辆识别代码（VIN）或者车架号码与车辆登记证书不相符，或者有凿改迹象的车辆。

⑥走私、非法拼（组）装免税或赠与的车。

⑦不具法定证明、凭证的车辆。

⑧其他国家法律、行政法规禁止经营的车辆。

3）二手车整备。一台二手车从收购到出售，基本上会经过这几个步骤：

①接车：工作人员填写入库检查表、查定表。

②整备前检查：入库车检查表、估价报告表、确认维修项目、整修派工。

③进行整备：依整备规范、机修项目进行施工，外包厂商取车并签收，预估上架日期追踪管控、预估整修费用管控。

④整备追加：追加项目确认与安排，一些畅销车型在原配置基础上加装一些明星配置，如更换运动型轮毂。

⑤上架前确认：实车动能测试、维修单据审核送财务、依整备项目规范最终检查、车辆性能最终检查。

⑥上架：填写上架检查表，并送总监审核，审核后，确认车况良好即可出售。

（2）二手车客户开发　在互联网时代，二手车商通过自媒体、信息发布平台、第三方软件发布车辆信息来引流集客，很重要的一项工作就是拍摄能真实反映车辆情况的好照片来提高商品曝光度，吸引消费者来店赏车，让消费者认可公司品牌与商品。所售的每辆二手车是一个特别重要同时也是特别好的宣传载体，照片的拍摄显得尤为重要。

1）拍照技巧。首先，对于拍摄距离，二手车评估师需要掌握好度。所谓拍摄距离也就是指拍摄立足点与被拍车辆的远近。距离太近，则拍摄的车辆影像过大，无法显示整台车；拍摄距离过远，则拍摄的车辆影像过小。所以，一般情况下，要求整车的影像尽量充满整个画面。其次，对于拍摄角度也要掌握好技巧。拍摄角度是指拍摄立足点与被拍车辆的方位关系。拍摄角度方位可分为左右关系和上下关系。除此之外，二手车评估师在拍摄车辆时，也应该注意光照的方向。光照一般分为正面光、侧面光和逆光三种。在给二手车拍照时尽量采用正面光拍摄，这样拍出来的二手车号牌清晰、颜色真实、棱角分明。

① 左右关系。拍摄角度的左右关系一般根据拍摄者确定的摄影方位，分为正面拍摄和侧面拍摄两种。正面拍摄是指面对被拍摄的车辆或某部位的正面进行拍摄；侧面拍摄是与正面拍摄相对而言，指在被拍摄车辆的正侧面进行拍摄。对于二手车拍照宜采用平拍，且与车辆左侧呈45°角方向拍摄。

② 上下关系。拍摄角度的上下关系可分为俯拍、平拍和仰拍三种。俯拍是指拍摄者站在比被拍摄车辆高的位置向下拍摄；平拍是指拍摄点在物体的中间位置，镜头平置的拍摄，此种拍摄方法效果就是人眼平视的效果；仰拍是指相机放置在较低部位，镜头由下向上仰置的拍摄，不过这种拍摄效果容易发生变形。

2）照片呈现内容。拍摄的时候选正面、后面、侧面、侧前方、侧后方、车前排座椅、车后排座椅、仪表、发动机舱、车辆铭牌共10个方位。下面详细介绍每个方位的拍摄技巧。

① 正面照。正面照主要展示整车标志、前脸、正面美感（见图8-1）。

图8-1 正面照

清晰显示后视镜、雾灯、两侧前照灯、进气格栅及车标、前保险杠；用遮挡牌遮住牌照

② 后面照。后面照展示车辆尾部造型、尾灯、排气管，特别是将双排气管的效果很好地展示出来（见图8-2）。

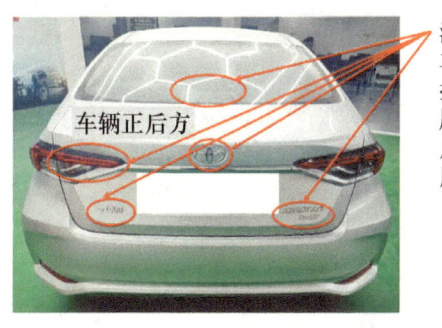

图8-2 后面照

清晰显示车尾处的车标、车系型号、排量及天线、两侧尾灯、行李舱盖、后保险杠；用遮挡牌遮住号牌

③侧面照。侧面照主要展示车辆侧身线条，特别是流线型车身和运动车型（见图 8-3）。

图 8-3　侧面照

（图注：如有天窗，翘起天窗进行拍照；能够看出车辆轮毂的材质（钢、铝合金）；尽量展现全轮廓）

④侧前方 45°照。右斜 45°，展示右侧面车身与轮胎信息（见图 8-4）。

图 8-4　侧前方 45°照

（图注：如有天窗，翘起天窗进行拍照；能够最佳展示车辆前侧和右侧，进气格栅、右前照灯、雾灯、右前保险杠；用遮挡牌遮住牌照；能够看出车辆轮毂的材质（钢、铝合金））

⑤侧后方 45°照（见图 8-5）。

图 8-5　侧后方 45°照

（图注：如有天窗，翘起天窗进行拍照；能够看出车辆轮毂的材质（钢、铝合金）；用遮挡牌遮住牌照；能够最佳展示车辆后侧和右侧（尾灯、右后组合灯等））

⑥前排座椅。前排座椅的照片要展示车内转向盘、中控台、前排座椅及前排驾驶空间（见图 8-6）。

⑦仪表盘。仪表盘的照片要展示仪表信息，重点是里程数透明公开（见图 8-7）。

打开主驾驶车门,从外向内拍照,在拍座椅的同时一定要掌握好角度;要清晰地展现出车辆座椅是否有电动按键;能清晰展示车门内饰板上的窗户玻璃升降方式是电动按键还是手动把柄;能清晰展示整个边框和底边

前排座椅

图 8-6　前排座椅

起动车辆后进行拍照;能清晰显示出车辆故障灯;确保总行驶里程清晰可见

车辆仪表盘

图 8-7　仪表盘

⑧后排座椅。后排座椅的照片要展示后排座椅及乘坐空间(见图 8-8)。

⑨发动机舱。该照片要展示车辆发动机舱结构、整洁度、规整度(见图 8-9)。

后排座椅

图 8-8　后排座椅

图 8-9　发动机舱

⑩车辆铭牌。该照片展示车辆铭牌,让顾客清楚了解车辆出厂日期、发动机型号、排量、功率等信息;为保护隐私,一般将车辆车架号部分隐藏(图 8-10)。

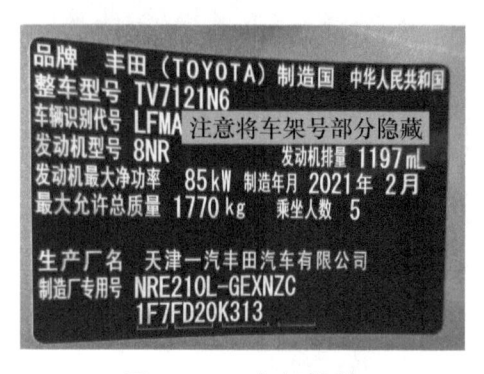

图 8-10　车辆铭牌

（3）二手车销售需要掌握的技能

1）需求分析。这是最重要的一个环节，做二手车销售不但要对汽车有深入的了解，更要对车辆历史情况做到心里有数，最好有评估师的能力，会"看车"，对车辆的车况做到了如指掌，对于客户的疑问可以回答得头头是道，这样可以快速得到客户认可。

同时，二手车销售更重视的是了解的广度，能知道众多品牌的大概定位，以及面向的目标对象。例如，一个工薪阶层的三口之家，想要买一辆家用代步车，你如果给客户推荐 7 座顶配的 GL8 就很不合适；而且二手车销售更要重视客户的需求分析，因为能把客户转移到自己所售的产品上，当自己家没有骐达这种车型时，你要想办法把一辆二手奥迪 A4L 卖给客户。

2）会谈感情。二手车销售和新车销售不同，跟客户接触时不能抱着一定卖掉车的心理，首先要获得客户的信任，真诚地解决客户需求。我相信，只有每一次的销售都当成是为自己买车，才能全心全意地投入其中，也才能真正让客户放心。谈感情就是讲信用，让客户相信你，相信你说的每一个字、每一句话，只有这样才能对你产生信任。面对二手车"一车一况"的复杂情况，让客户对你产生信任至关重要。而且，用真心换来的成交，往往都会带来更大的价值，因为客户会为你介绍更多需要买二手车的朋友，所以不要小看每一次用心付出。

3）要有激情。干销售如果没有成功心态，即便是掌握了良好的推销技巧也无法成功。一名销售就像一根火柴，客户就像蜡烛，如果你不首先点燃自己，又怎么可以照亮他人？所以好心态、有激情，一定可以感染客户。

4）适当运用一些销售技巧。销售理念有三个层次，客户需要买得便宜、安心、满意，商家需要快点成交赚到钱，客户是询价式手法，通常询价时要用中性方式回答，不能报价太高，也不能太低。客户面对二手车进行比价，车商会有四大常用说法：激将法、说服法、排他法、立证法。在谈价格时，要采用限时法、激将法、危及法、诱导法。

总之，想要做好销售并不是一朝一夕的事，当然对于刚入行的二手车销售，不必太心急，每个行业都是需要慢慢积累的，而能做到"会看车"更是需要一个循序渐进的过程。好在现在可以借助一些专业车辆历史记录查询工具，帮助你更好地看车。但是不管怎么说，自己有能力才是最重要的，所以做好每一天，在行业内不断地打磨，不断学习，有耐心、坚持不懈，成功自然就会水到渠成。

2. 4S店二手车销售

（1）二手车评估价与销售定价

1）术语定义。关于二手车的价格有成交价、客观价和评估价三个术语。

①成交价。成交价指二手车市场上的最终成交价格。

②客观价。客观价是指二手车的客观价格。

③评估价。评估价指二手车鉴定评估人员按照一定的评估方法所评定的二手车价格。

在现实生活中我们经常会遇到这样一个问题，一辆仅开了几个月的汽车要开到二手车市场上去卖，它的卖价只能比同样型号的一辆新车的卖价低的多，否则是卖不出去的。因此，成交价、客观价、评估价三者之间关系实际的情况往往是：成交价＜客观价＜评估价。

2）二手车的销售定价。二手车成交价往往低于客观价及评估价的原因很复杂，以下进行详细讲解：

①信息不对称与二手车价格。2001年诺贝尔经济学奖得主之一，美国学者阿克洛夫最早在1970年研究了二手车市场的信息不对称问题，也就是非常著名的"柠檬"问题。阿克洛夫通过对旧车市场的研究，发现当市场的卖方对产品的质量拥有的信息比买方更多时，就会导致出售低质产品的情况，这被称为逆向选择。在二手车市场上，卖主因为已经有了几个月的亲身驾驶经历，他已经对这辆车的车况有了一个客观的了解，也就是说他知道这辆车是不是"次品"；而买主对这辆车的车况则几乎一无所知。因此，买卖双方对这辆车的车况所掌握的信息是不对称的，买主在信息不对称的状况下自然会怀疑卖主卖车的背后原因，担心车辆的隐含质量问题，从而会压低成交价格。

②买卖双方的心理因素与二手车价格。二手车成交价低于客观价的现象不

能完全归因于不对称信息问题。首先，二手车市场上的部分买方是带着"图便宜"的投机心理来的，他们放弃了新车市场而选择二手车市场的目的就是淘到便宜货，因此会尽量压低成交价。其次，二手车市场的卖方要卖掉自己的汽车，无非是由于两个方面的原因：一是这辆车确实是有质量问题，且急于出手，那么他对于买方压价的行为在一定幅度内自然是能够接受的；二是车辆本身质量正常，只是由于客观原因（如移民、资金短缺、爱好转移等）而急于卖掉这辆车，在这种情况下，在客观价位的基础上考虑一定的变现折扣，也是卖方能够接受的。买方与卖方一个愿打一个愿挨，最终自然会导致成交价低于客观价。

③评估价不等于成交价。根据上面的分析，如果成交价＜客观价＝评估价，则是合理的。如果行业管理部门规定成交价格必须以评估价格为准，则应当在确定评估价格时考虑一定的折扣率。如果成交价格只是以评估价格作为参考依据，则评估结果就没有必要进行调整，而由交易双方参照评估价格自主定价。

④评估结果的合理性。在成交价＜评估价的现象中也不排除客观价＜评估价的现象存在，也就是说评估价高于客观价。对于旧机动车的评估价偏高的问题，业内人士进行过分析并提出了一些解决途径。在运用成本加和法进行企业整体评估中，车辆的评估结果往往会高于二手车市场上同类车的成交价格。对这个问题，不能简单归因于评估结果的不合理，应具体分析成交价与评估价的差异是否为正常差异，如果为非合理范围内的差异，说明评估结果偏高，应考虑改进评估方法、选择更合理的成新率鉴定方法等解决途径。

⑤二手车鉴定评估人员中的信息不对称。在二手车鉴定评估过程中也存在二手车鉴定评估人员与委托方之间由于信息不对称而造成评估结果失真的现象，因此二手车鉴定评估人员应当要求委托方对所提供资料和信息的真实性、完整性作出承诺，要求其对资产信息进行充分披露。同时，二手车鉴定评估人员应当实施充分的评估程序，对资产进行实地盘点、勘察和鉴定，对委托方所提供的资料和信息进行独立的分析和鉴别，以使评估价格更加公正客观。

（2）二手车置换　随着我国汽车产业的快速发展，汽车保有量越来越多，同时人们对汽车的需求也越来越多样化，汽车置换作为汽车交易的一种方式逐渐显示出满足人们需要的优越性和调节汽车流通的重要作用。

1）汽车置换的定义。从国内正在操作的汽车置换业务来看，对汽车置换的定义有狭义和广义的区别。从狭义上来说，汽车置换就是以旧换新业务，经销商通过二手商品的收购与新商品的对等销售获取利益。目前，狭义的置换业务在世界各国都已成为流行的销售方式。而广义的汽车置换概念则是指在以旧换新业务基础上，还同时兼营二手商品整新、跟踪服务及二手商品在销售乃至折抵分期付款等项目的一系列业务组合，从而使之成为一种独立的营销方式。二手车作为替代产品，已经对新车销售构成威胁。全国各地的二手车市场虽然起步较晚，但目前的交易规模已经相当可观，狭义置换业务也得到长足的发展；广义的置换业务在国内尚处于萌芽状态，亟待各方面的关心和扶持。

2）我国汽车置换行业的发展。过去，由于用户对车辆残值和二手车交易行情缺少了解，且缺乏规范、有公信力的专业技术评估手段，导致二手车交易障碍重重，市场发展不够规范。2004年品牌二手车的兴起，成为了二手车市场的一个亮点，具有原厂质量保证的二手车认证和置换服务，为消费者提供了车辆更新和购置的新选择，以上海通用、上海大众、一汽大众等为代表的整车厂家也纷纷进军二手车市场。

3）汽车置换的服务程序。汽车置换包括旧车出售和新车购买两个环节。不同的汽车置换授权经销商对汽车置换流程的规定不完全一样。一般汽车置换程序为：

①顾客通过电话或直接到汽车置换授权经销商处进行咨询，也可以登录汽车置换授权经销商的网站进行置换登记。

②汽车评估定价。

③汽车置换授权经销商销售顾问陪同选订新车。

④签订旧车购销协议以及置换协议。

⑤置换旧车的钱款直接冲抵新车的车款，顾客补足新车差价后，办理提车手续，或由汽车置换授权经销商的销售顾问协助在指定的经销商处提取所订车辆，汽车置换授权经销商提供一条龙服务。

⑥顾客如需贷款购新车，则置换旧车的钱款作为新车的首付款，汽车置换授权经销商为顾客办理购车贷款手续，建立提供因汽车消费信贷所产生的资信管理服务，并建立个人资信数据库。

⑦汽车置换授权经销商办理旧车过户手续，顾客提供必要的协助和材料。

⑧汽车置换授权经销商为顾客提供全程后续服务。

在汽车置换中，新车可选择仍使用原车牌照，或上新牌照。购买新车需交钱款数额为新车价值与旧车评估价值的差额；如果旧车贷款尚未还清，可由经销商垫付还清贷款，款项计入新车需交钱款。

3. 二手车数字化交易

（1）二手车数字化鉴定评估

1）建立标准，掌握数据。使用数字化对二手车进行鉴定评估能够统一鉴定评估的流程，不会遗漏各项查勘重点；通过数字化工具辅助，降低人为能力判断疏失；能够立即产出符合国家鉴定标准的鉴定评估报告，使鉴定结果数字化管理。

鉴定评估的数字化，能够使每个过程数据即时产生并记录，并且整合设备的数据，实现无线传输，实现数据自动载入高效便利，如图8-11所示。

2）信息化的报告。数字化鉴定评估形成的信息化报告完美地整合了鉴定的各项信息，同时支持后续的各种交易佐证及展示证明，如图8-12所示。

图 8-11　数字化鉴定评估

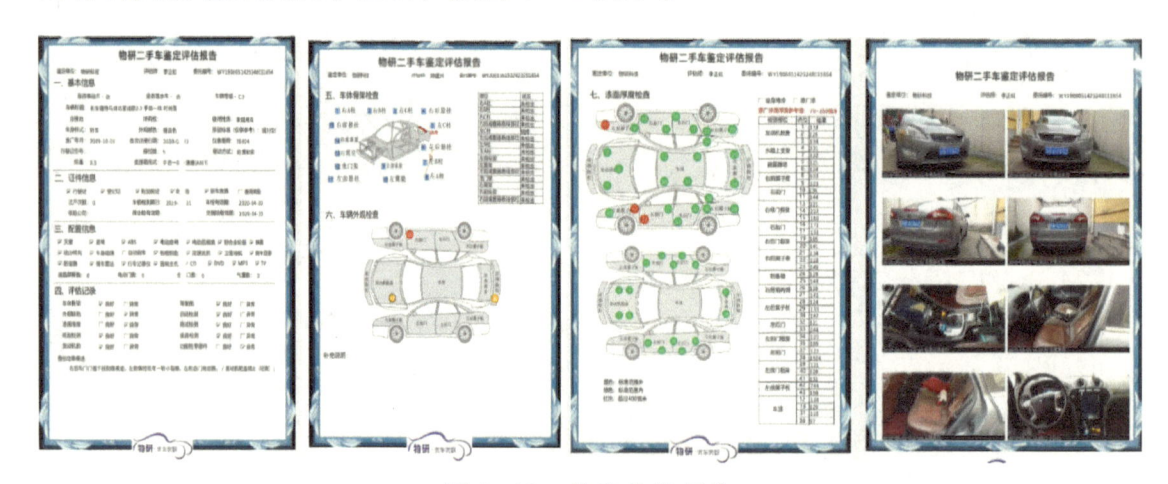

图 8-12　信息化的报告

（2）二手车数字化鉴定评估应用

1）二手车收购业务流程细化拆解，如图8-13所示。

2）二手车收购平台应用，如图8-14所示。

3）二手车信息服务平台，如图8-15所示。

图 8-13　二手车收购业务流程细化拆解

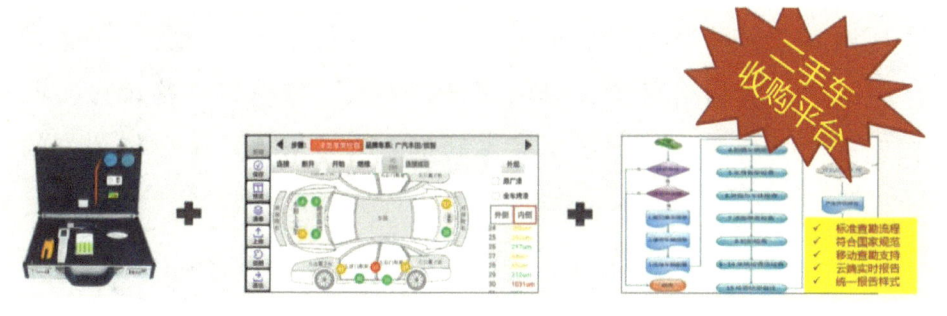

图 8-14　二手车收购平台

图 8-15　二手车信息服务平台车辆历史报告

4. 二手车交易流程

（1）二手车交易流程

1）车主提车申请。现车主向当地车管所提出转移登记申请，填写"机动车转移登记申请表"并提交需要的其他手续。

2）查验车辆。将车辆送到机动车检测站进行检测，车管所工作人员确认车辆的唯一性，查验车辆 VIN 码无凿改嫌疑。

3）车管所受理申请和审批。车管所受理审核资料后，审批

相关手续。符合规定的，在计算机登记系统中确认。

4）办理转移登记手续。车管所工作人员在机动车登记证书上记载转移登记事项。对于需要改变机动车登记编号的，先确定机动车登记编号，然后收回原机动车号牌和机动车行驶证，最后车管所重新核发机动车号牌和机动车行驶证。

（2）二手车交易类型 根据买卖双方的住所是否在同一车管所管辖区内分为同城转移和异地转移登记两种方式。

二手车所有权转移登记时，根据买卖双方身份不同，分为四种类型：个人转移给个人、个人转移给单位、单位转移给个人、单位转移给单位。四种类型基本流程相同，区别在于买卖双方提供的是个人身份证还是单位法人的组织机构代码证。

（3）二手车交易注意事项

1）办理二手车过户的必要性。办理二手车过户可以从法律上完成车辆所有权的转移，保障车辆来源的合法性，如避免买到走私车和盗抢车等；同时明确了买卖双方与车辆相关的责任划分，如债务纠纷、交通违法等，确保了买卖双方的合法权益。

2）办理二手车过户的条件。有合法来源和手续、无遗留银行质押和法院封存记录、无遗留交通违法和未处理事故记录、无遗留欠费记录、所有证件齐备。

3）二手车过户所需的资料、证件。原车主身份证、新车主身份证、车辆行驶证正/副本、购置税本、车船使用税完税证明、机动车登记证书、机动车刑侦验车单、保险单/卡、发票，以上均需提供原件。

4）二手车过户前的准备。

①开据交易：缴纳二手车交易税，私户（裸车现价）按1%收取，公户（裸车现价）按3%收取。

②车辆外检：将车开到过户验车处，进行车辆检查、拓号、拆牌和照相，需缴纳10元的拓号费；领取车辆照片，贴于检查记录表上。这些办完后，可以将车停到停车场，进入过户大厅办理归档手续。

③车牌选号：取号机取号之后，拿着相关材料排队缴纳过户费。过户费的数额各个交易市场略有不同。

④转移迁出：需要的材料包括机动车注册、转移、注销登记表/转入申请

表、检查记录表、原登记证、原行驶证、原车主身份证、原车牌号、车辆照片、交易市场过户发票。

三、工作计划与决策

将全班同学分组，四人一组，分别扮演客户和工作人员，与客户沟通，完成二手车交易流程（见练习册中的图8-16）。

四、任务实施

在教师的指导下完成工作计划：

1）各组学生互相监督完成二手车交易流程。

2）各组学生互相监督完成二手车置换业务。

五、评价反思

请扫下方二维码进行评价。

六、巩固与练习

具体内容见练习册第28页。

任务九 二手车电商平台

二手车电商平台的介绍

✏️ 学习情境

家住深圳的王先生今年26岁，刚考下驾照，想买一辆方便上下班出行的代步二手车。通过朋友推荐和网络信息搜索，他注册并登录了二手车电商平台，根据自身要求，筛选匹配车辆，并进行服务咨询。假如你是平台的服务人员，请和你的同事一起完成王先生的车辆咨询和服务工作。

（按照标准的营销和服务话术，和客户进行沟通和电话跟进，并约定沟通方式与时间）

平台服务人员："您好，王先生！我是××二手车电商平台的客服小张，我在平台上看到了您的浏览信息，请问您现在方便通话吗？"

客户："你好，平台上的车都是真实的车源吗？"

平台服务人员："平台上的车有一部分是我们收购的精品车源，我们还和第三方资源商有合作，我们平台保证，只要是平台上的车，都保障车源真实有效。"

客户："那这些车的车况你们了解吗？描述都是真实的吗？"

平台服务人员："这个您放心，在这些车源上架之前都要经过权威部门的专业检测，每辆车都是真实的信息，都有专门的评估检测报告，事故车、泡水车我们都是排除在外的，而且我们平台提供车辆售后质保。"

客户："嗯，我在平台上看到7万左右的车有不少，你给推荐一下吧。"

平台服务人员："7万元左右的二手车倒是有很多，有年限长一点的中高端车型，也有年限短一点的紧凑车型。您更倾向于哪一类？"

客户："你给我推荐一下年限短的、车况好的。"

平台服务人员："没问题！您很年轻吧，这是第一次买车吗？"

客户："对，今年26岁，刚考下驾照。想买个方便出行和上下班代步的车。"

平台服务人员："那就给您推荐自动档的吧，上手更快一些，毕竟不是老司机。而且两厢车更适合年轻人，更时尚一些，停车也更方便。"

客户："可以，先看看你们平台有哪些这样的车。"

（在平台推荐的众多车辆中，客户多次查看了飞度与凯越的车辆情况和车况信息）

平台服务人员："这两辆车的情况我都有所了解，车况都还不错，凯越相对来说车身更结实，车重，但更费油一些，款式也显老。"

客户："那个飞度呢？"

平台服务人员："飞度这款车是目前市面上最保值的车型之一，各方面都不差。外观方面更运动、更时尚。"

客户："这车看着还行，车况要是没问题的话，哪天能到店里看车？"

平台服务人员："车况肯定没问题，你看什么时间方便，我联系门店人员配合咱们看车试车。"

客户："你约约看吧，明天能看车吗？"

（随后平台服务人员和门店销售顾问进行沟通，当天可以看车试车，于是和客户联系确认。由评估部一名同事开车带上客户和客户的朋友开往线下门店。抵达门店后有门店销售顾问进行接待，并进行看车、试车，最后完成车辆交易，客户整体比较满意）

任务分析

我国二手车市场发展中，目前最大的痛点就是信息不对称，信息不对称造成消费者对二手车的疑虑与偏见，且车源和消费者需求匹配效率不高。解决信息不对称和工作效率问题的最高效手段就是搭建信息化电商平台。作为二手车电商平台服务人员，借助平台做到企业信息真实透明，通过电商平台为客户服务的过程中，做到节省沟通成本，提高工作效率和服务质量，拉近客户关系并建立信任，在降低交易难度的同时促进最终成交。

学习目标

知识目标

1）了解二手车电商平台的类型。

2）了解二手车电商平台的特点。

3）了解我国二手车电商的高质量发展。

技能目标

1）熟练掌握二手车电商平台功能。

2）熟悉二手车电商平台操作流程，借助平台整合企业资源、完善客户管理、维护客情关系。

素养目标

1）培养沟通能力，愿意倾听，接纳不同观点。

2）通过任务的达成，可以培养学生的服务意识与沟通能力。

3）培养学生严谨的工作作风、诚实守信的品德和遵纪守法诚信经营的工作态度。

学习任务

通过二手车电商平台，为客户提供所需服务。

一、学习准备

资料准备：二手车电商平台、门店管理、车源资料、客户资料。

学生准备：学生分组。

二、信息收集

我国的电商发展迅速，涌现了一大批高质量、具有国际影响力的企业，如淘宝、京东、拼多多等电商平台，拥有强大的网络直播体系和网络管理制度，为二手车的电商发展提供了保障。我国的二手车电商平台发展也比较早，已经形成了一套完善的营销体系，为二手车提供了新的营销方式。

1. 二手车电商平台的模式类型

随着互联网的普及，二手车电商平台层出不穷，几乎涵盖了二手车市场的所有环节。因为行业的种种痛点，催生了二手车电商平台的诞生。每一种创新模式的开展，从本质来说初衷都是利他行为，推动行业正向发展。因此，借助二手车电商平台，让二手车交易实现诚信透明、规范经营，那么二手车的交易量将有更好的突破。

目前，整个二手车电商行业主要有四大模式：以天天拍车为主的C2B拍卖模式、以优信拍为代表的 B2B 模式、以优信二手车为代表的 B2C 模式，以及以瓜子二手车、人人车为代表的 C2C 直卖模式。

（1）C2B 模式　C2B 平台模式是由一个中间平台，通过移动互联网平台连接起个人车主和全国二手车经销商，个人车主省去了分别与多个不同买家多点联系比价的程序。卖车的车主先通过线上平台预约卖车，车源上架后一次性卖向全国二手车经销商，出价最高者获得购买权，主要解决卖车痛点，最终由经销商将车卖给 C 端用户。对于经销商而言得车源者得天下，二手车经销商都想要获得一手车源，而我国的独特情况是二手车源分布零散，互联网公司擅长聚拢碎片化的注意力，因此 C2B 平台已经成为线上 / 线下车商获取车源的重要途径，如天天拍车（见图 9-1）等，多数经销商已经与 C2B 平台建立了合作关系。但是 C2B 模式存在一定症结，即盈利空间小，虽然二手车 C2B 模式其实就是帮用户卖车、帮车商收车，这种模式需求量很大，但是盈利方式存在很大问题。以 10 万元的车为例，平台收买家 2%~4% 的服务费，大概 3000 元左右，但是车辆检测、平台搭建等因素导致获客成本在 5000~6000 元，收益甚微甚至亏损。加之平台对于价格不具备约束力，还很容易造成用户"跳单"。

图 9-1　天天拍车

（2）B2B 模式　B2B 平台模式主要是面向车辆销售商，并不介入车辆的直接交易，而是搭建一个二手车商间的 B2B 拍卖交易平台，代表平台有车享拍（见图 9-2）、优信拍（见图 9-3）等。此类平台对于买车人来说，售价相对更高，但手续更放心、更安全，同时，也能大幅提升二手车的交易效率。B2B 模式主要解决二手车销售商的车源问题，B2B 模式的车辆来源有两种：一是优信拍、车易拍等，通过从 4S 店等拿车源信息撮合交易卖给中间商；二是将全国各地的车源信息统一集中到网上，并通过平台检测发布车况信息，使车商足不出户就能自主挑选获得大批量车源。B2B 模式同样也存在症结，就是车辆来源复杂且不透明，使得二手车的购车风险增加，同时卖方的用户信息也存在着不透明和虚假套用的情况，这让 B2B 平台对于大批量出售的车辆售后情况不够清晰明了。

图 9-2　车享拍

图 9-3　优信拍

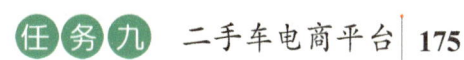

（3）B2C 模式　B2C 模式有两种：第一种是通过线上平台对二手车进行收购，然后再利用平台或线下卖场转卖给消费者，收取差价盈利的"买进卖出"模式，代表有优信（见图 9-4）等；第二种模式是企业自营的交易平台，如××二手车电商平台等，企业自己通过各种渠道，直接买进车辆，整备后加价通过自己的门店和网络平台进行销售，盈利模式来自于车辆的差价。B2C 模式是目前二手车零售交易的主流模式，走的是线上平台，搭配线下二手车收购、整备、销售和售后一站式"超市"模式。但是收购如此众多的车辆，对于平台来说是需要大量成本的，即便把车拿到银行去做抵押贷款，也增加了平台的风险性，贷款也需要付出足够的利息。此外，在收购车辆时，定价权完全掌握在平台的采购人员手中，容易造成价格回扣等不良问题，加剧市场恶性发展。

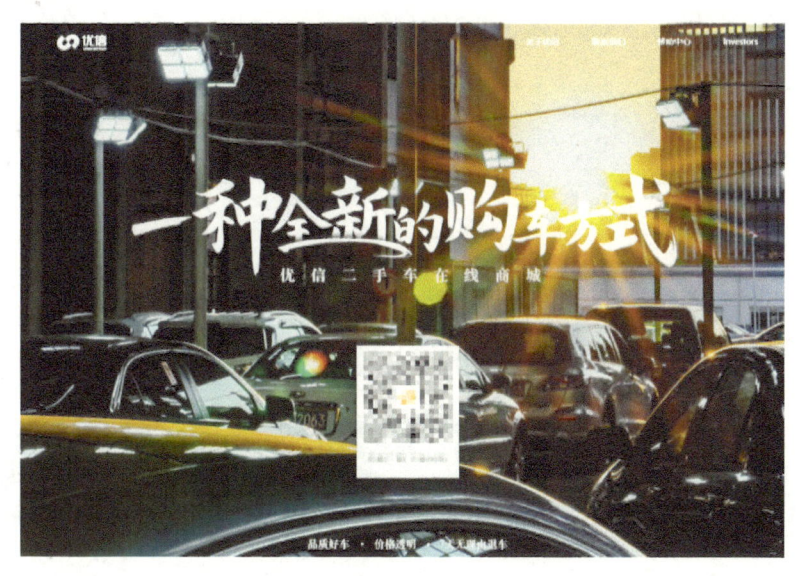

图 9-4　优信

（4）C2C 模式　C2C 模式为个人二手车寄售，车主在平台登记车源后可以边开边卖，平台负责寻找买家并陪同看车、撮合交易，并且提供检测等服务，C2C 的盈利模式主要来自买方支付的交易服务费。这种模式的代表是人人车（见图 9-5）、瓜子二手车（见图 9-6）等，通过提供免费上门检测车况信息服务，验车成功后把二手车信息发到官网，同时评估师会陪同买家上门看车，确定交易后双方再通过交易担保与售后服务跟踪等方式实现 C2C 闭环。这种模式看起来最简单、最快捷有成效，但同样存在问题。一是运营成本高且盈利差，依据 C2C 二手车电商平台的业务模式，据了解，每卖出一辆车实际上都是在亏钱。C2C 模式的电商，每成交一单需要 7 人进行服务，其中包括评估师、负责带看的销售，以及后续的服务，而收取的服务费并不能覆盖这些成本。二是C2C模式在售车质量和服务上也难以让购车用户满意，一方面平台需要对个人车辆的质量检测把好关，另一方面还需要敦促和帮助卖主做好售后服务。但是平台只是第三方，很难在这两个非常重要的领域做好。

图 9-5　人人车

图 9-6　瓜子二手车

当前我国二手车市场的确存在着巨大的市场空间，但是二手车电商要走的路还很长，在真正确保二手车车源信息可靠、做到诚实守信诚信经营、做好车辆售后服务等方面同样面临着挑战。

2. 二手车电商交易的特点

（1）二手车电商客户画像

1）二手车电商客户基本画像：根据数据分析，男性用户为主，男女比例8∶2；30~40岁客户占比接近60%；已婚客户占比超过60%。

2）客户特点：大多数客户已经拥有人生的第一辆车，在购买二手车时往往对汽车这件商品更加了解；同时大多数客户对二手车的车况会有明显的担忧，这种担忧体现在客户对绝大多数平台和车商都缺少信任，这让客户天然地抗拒线上支付全款购买二手车。

（2）二手车电商平台交易特点　对于二手车电商而言，现阶段二手车电商平台的交易是一门线索型业务，目前的线索类型可以大致分为以下两类。

1）强线索类业务：客户有较强且紧迫的成交意愿，客户需要短时间内达成交易。它具体体现为以下几种方式。

①线上订单：客户线上支付少量定金锁车，但仍需线下看车试驾才能确定是否购买。

②试驾预约：客户提交看车试驾预约，这类预约线索会流转到门店销售人员，门店人员经过确认后准备试驾车供客户试驾。

同时试驾本身也会分为多种类型，包括：到店试驾，由客户自行发起，或由门店销售或客服代为发起的预约到门店试驾的预约申请；在家试驾，故名思义，就是将车运输到客户家中供客户试驾，考虑到这种试驾方式成本较高，所以仅当客户通过支付定金表现出较高的购买意向后，才开放给客户，也可由销售人员感知到客户较高的购车意向后代为发起，但为避免销售人员滥用，每名销售的发起次数是有配额的；远程试驾，并非真正意义上的"试驾"，实际上只是在客户不方便到店看车试驾时，销售人员通过远程视频电话的方式带客户远程看车，由于这种试驾类型对客户而言成本最低，所以其转化率也是最低的，因此为避免开放此入口导致平台线索质量的下降，这种试驾仅可由门店销售发起。

2）弱线索类业务：客户有较弱的意愿，不要求短期内达成目的。弱线索主

要包含以下两种类型,且这两种类型的界限并不算十分明显:

①回呼电话申请。客户可在希望进一步了解车源车况信息时、希望了解贷款政策时、希望了解购车流程时留下电话,提交此类申请。

②订阅通知类。已知覆盖到的场景包括订阅新车源的上架通知、订阅被预订车源的状态变更(恢复为"在售"状态)通知以及按照自己购买需求订阅平台新车上架提醒。"订阅通知类"一般支持留下两种联系方式——手机或电子邮箱,而如果客户留下的是手机,那么它其实与第一类线索的处理方式便会十分相似,即大多数情况下,会由客服/电销团队立即联系客户而并不会等到车源状态变化时再联系客户,客服/电销团队往往会先尝试向客户介绍相似车源或争取邀请客户到店试驾。

3. 二手车电商平台运营关键要点

几乎所有的二手车电商平台都在围绕"建立信任"和"增加车辆库存"而努力。

(1)建立信任　信任决定了客户是否愿意在平台线上支付定金,如前文所提到的,二手车的客户是最缺乏对商家信任的客户群体,这是由诸多因素造成的:一方面,二手车的高单价本身便会诱发客户的谨慎心理;另一方面,二手车市场长期以来的混乱,如里程造假、隐瞒严重事故记录、隐瞒车况等,也造就了二手车客户的谨慎心理。

在开展二手车电商平台业务推广时,由于深谙二手车行业的痼疾和客户痛点,电商平台会通过一系列手段来赢得客户的信任,具体措施如下:

1)在售前:更加透明的的车价,甚至是直接展示全包价,即承诺展示价格即客户需要购买这辆二手车的全部花销,甚至将部分由国家收取的税费也包含在内。

2)更加透明的车况:首先对平台所有车源做出基本的保证,即无严重事故、无火烧、无水泡、无调表;而且提供包含数百项检测点的专业权威检测报告,明确告知客户现存问题,一般为轻微的外观擦伤及磨损等。

3)在售后:承诺N天无理由退换车,提供接近快消品标准的N天无理由退换货机制,即客户可在购买后的N天内无理由退车,打消客户的后顾之忧;平台提供整车/关键部件质保来让客户免除后顾之忧。

虽然有时候在资本和业绩的双重压力下,个别电商平台未能始终坚守这样的初心，但二手车电商的这些尝试确实在逐渐增加客户购买二手车的信心。

（2）增加车辆库存　车辆库存决定了平台能否满足客户购车需求，即客户能否在平台上找到满足其需求的二手车。对客户而言，一个二手车电商平台的1000辆库存车所提供的选择余地并不算大，因为客户的需求往往非常具体。假设客户要买一辆"2018款1.4T蓝色的大众高尔夫"，当客户的需求具体到这种程度时，选择空间就变得非常有限，即便是热门车型，多数大平台大概也就只能提供20~30个车源供客户选择。

然而，对于平台来说增加库存却并不容易，往往需要投入巨大的资金、人力和时间成本。假设一辆二手车的平均成本为7万元，则1000辆二手车仅收车的成本就是7000万元；假设一个检测整备中心每天能够检测、整备并拍摄30辆车，那么建立1000辆车的库存就需要33天时间，这还是假设库存不会被消耗的前提下，实际上，某些二手车电商平台从平台上线到可用库存超过1000辆历时超过了一年半。所以二手车电商平台增加库存还可以参考以下方法：

1）异地购。顾名思义，就是平台内车源的跨区域销售，但需要买家支付跨区域调度的物流费用（数千元不等，取决于运输距离）。其好处是此方法可使库存增加数十倍（取决于平台在全国市场总的库存数量），但缺点是会增加买方购买二手车的整体费用。所以对买方来说，在本地无法找到理想车源时会考虑外地车源，外地车源有明显价格优势时也会考虑外地车源，但明显的价格优势也往往会引发客户对于车况的担忧。

2）引入第三方车源。平台从前文所述的四种模式逐渐向B2B2C模式转型，通过第三方的车源来弥补平台自身车源不足的问题，如图9-7和图9-8所示的"我要加盟"。其好处同样是可使库存得到几倍甚至几十倍的增加（取决于愿意在平台上经营的二手车车商及其二手车的数量），但难点在于，平台如何保证第三方车源的车况、如何避免第三方的欺诈及违约等行为。

虽然对于二手车交易，平台已经在通过一系列措施逐渐增加客户信任和信心，然而，对于第三方车源，如何让客户维持这份刚刚建立且尚不稳定的信任？答案是建立并应用与自营车相同或接近的标准。首先是对于第三方二手车，同样做到价格透明。这一点相对容易，第三方合作车商提供期望售价，平台按照固定公式计算后展示全包价格即可，同时说明全包价包含的费用明细。再有就是提供统一的检测及拍摄标准，并将检测结果和车源相关物料，展示到二手车的销售页面上，这可以作为面向第三方车源的服务来提供，要求所有平台上架的第三方车源必须达到一定标准才能上架。此外，可以要求第三方车商支持 N 天无理由退货，以及平台为第三方车源的二手车提供质量担保。

图 9-7 "我要加盟"（1）

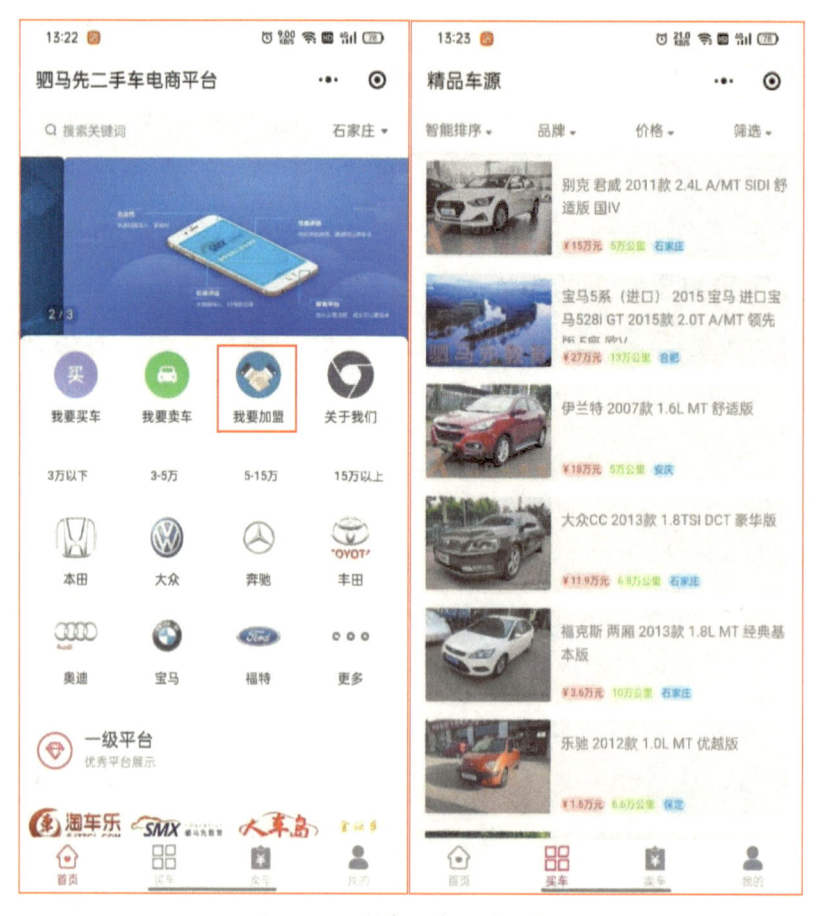

图 9-8 "我要加盟"（2）

三、工作计划与决策

将全班同学分组，四人一组，两人扮演买车客户，一人扮演平台客服人员，一人扮演门店销售顾问。根据客户需求情况，制订客户浏览、咨询、预约看车试车和完成交易计划，并进行二手车电商平台操作。具体工作内容见练习册第29页。

四、任务实施

在教师的指导下完成工作内容：
1）完成平台中的相关操作内容与交易环节的演练。
2）各组学生互相监督，说出二手车电商平台的特点。

五、评价反思

请扫下方二维码进行评价。

六、巩固与练习

具体内容见练习册第36页。